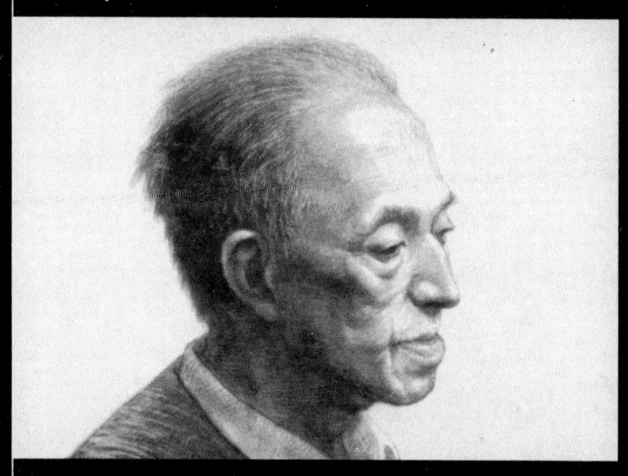

中央美术学院中国美术学院
学生作品精选

编著:王华祥　徐　方

素　描

目 录

中央美術學院
CENTRAL ACADEMY OF FINE ARTS

素描作品

美术高考成绩的几个指标

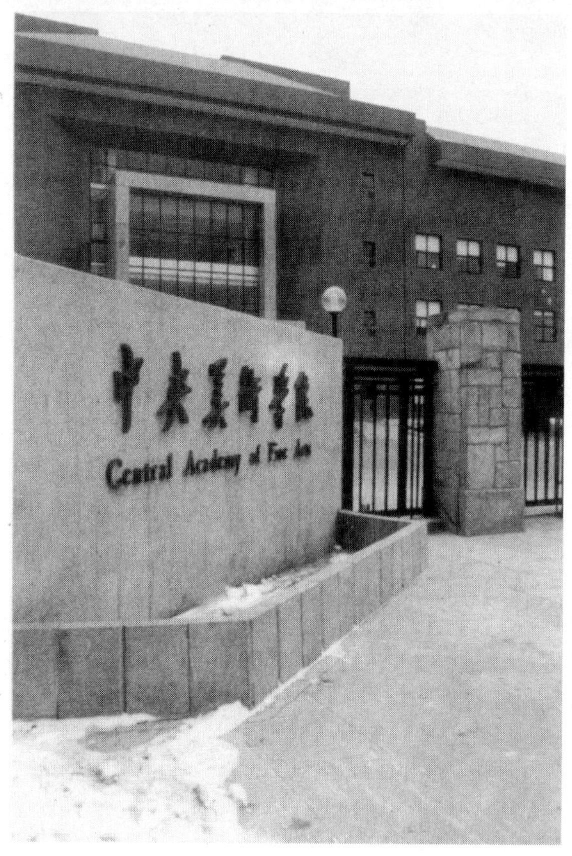

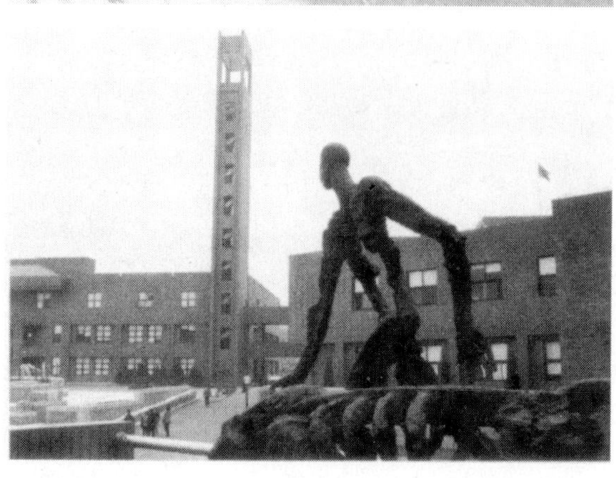

每一年,图书市场上都会推出一批新书,尤其是教材和榜样书。教材不必说,就是教人如何画画的那种,榜样书则是高校师生作品集、范画等等。

偶尔走进图书大厦, 美术教科书和范画的规模之大、品种之多,着实令我吃惊。最初,当我发现自己写的几本书(《将错就错》、《王华祥说素描》、《再识大师》等)也在这片"汪洋"中漂着时,感到有点难堪。因为,我一向反感教材市场,在印象中,这是一个混乱和粗制滥造的角落,没想到竟然成了书店的主要内容,而艺术家画册和一些较有学术价值的书籍都被"凉"在一个角落,而且贵一点的还被"关"在柜子中。

这就是中国的艺术图书市场吗?这种格局意味着什么呢?我想了想,觉得大概是:一、成年人不爱读书。二、成年艺术家很牛,除了国外经典画家外,别的一概不放在眼里。三、大人孩子都急功近利,暂时无用的书当然不买。四、对钱、权、名的欲望和追求已经使成年人群的头脑很充实,不需要文化这类精神食粮了。五、人活着是靠精神和物质养着的,但如今人们的肉体之胃和精神之胃都已毁坏了,欲望已经变得十分抽象而又迫切,可又不知为何物。我们的精神需求和物质需求都变成一个东西了。所以,不该责怪书店,也不必责备出版社。书店反应出来的正是一种客观的供求关系。从根本上说,教材和范画市场并非是自然市场,它的'繁荣"是被迫的,因为,它是我们美术院校招生体制和教育体制的产物,只要美术院校还那么招生,还那么教课,那么这个市场就会以重复的、粗糙的、甚至是低俗的形式热闹下去。

我也不能免俗。

我写书、编书、出版,因为我不做仍然会有人做。我可以做得稍稍好一点。利用这个市场,把我对教育的理想和心得,悄悄地渗透其间。我相信:那些真爱艺术、有灵气、有悟性、运气好的孩子(包括成年人)会找到我并发现我的用心。下面,我对学习素描的考生说几句话:

关于素描:写实素描,我给你们定几个指标。

1.形。满分 100,依次到不及格。

2.结构。满分 100 依次到不及格。

3.形体。满分 100 依次到不及格。

4.明暗。满分 100,依次到不及格。

5.质感。满分 100,依次到不及格。

五个指标,不可偏废。

王华祥

2001 年 12 月于中央美院

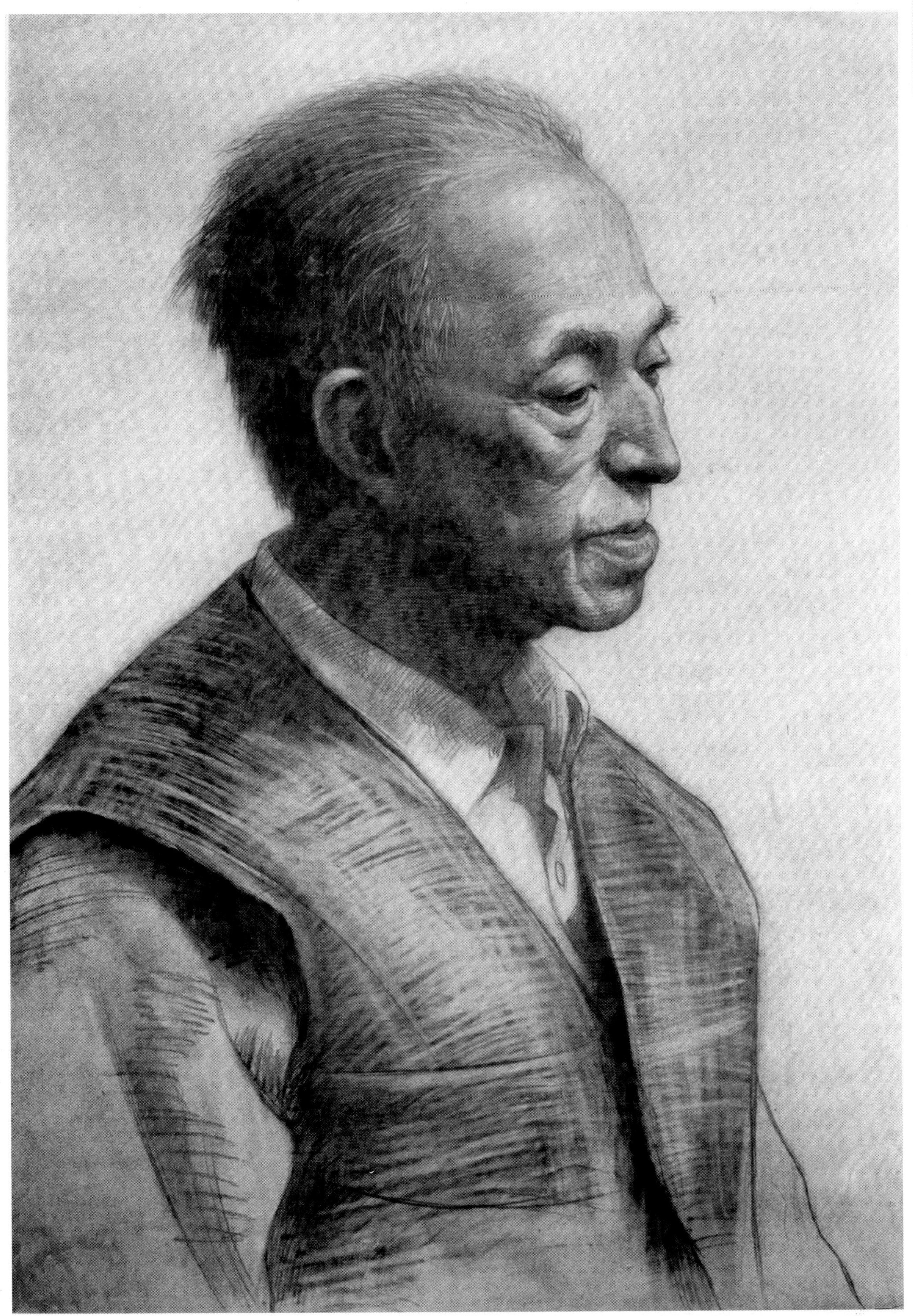

中央美术学院　刘力宁

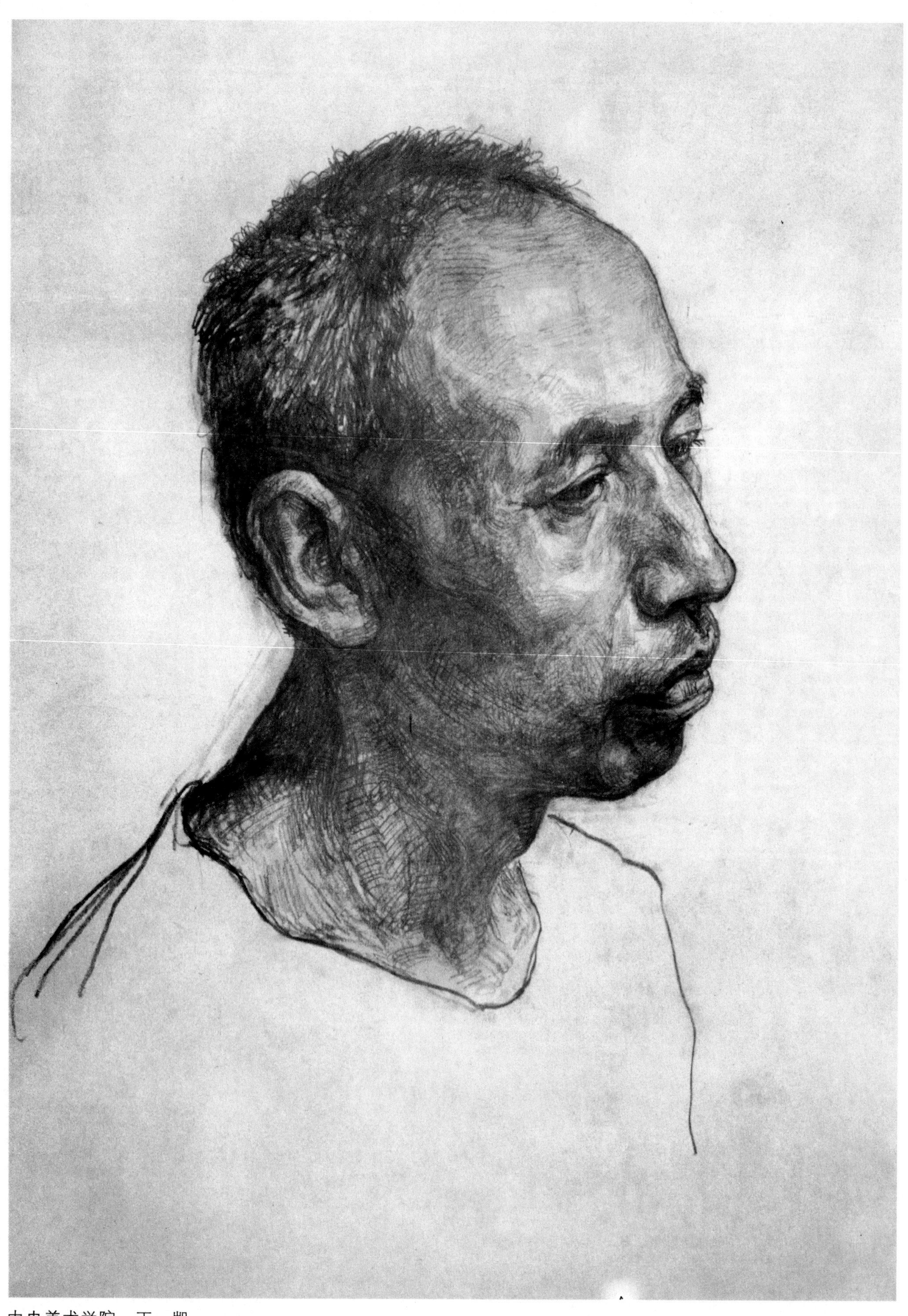

中央美术学院　王　凯

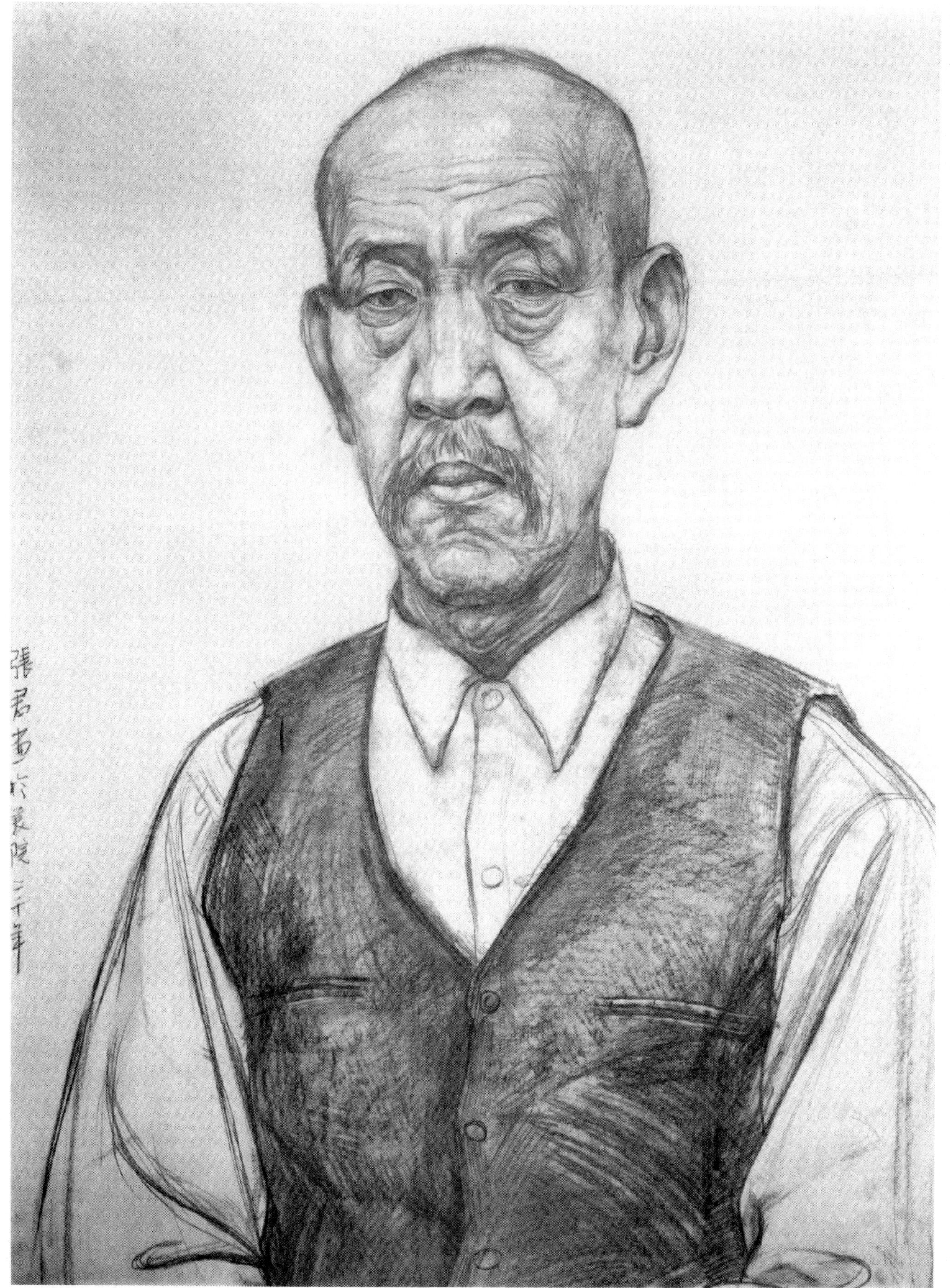

中央美术学院　张富军

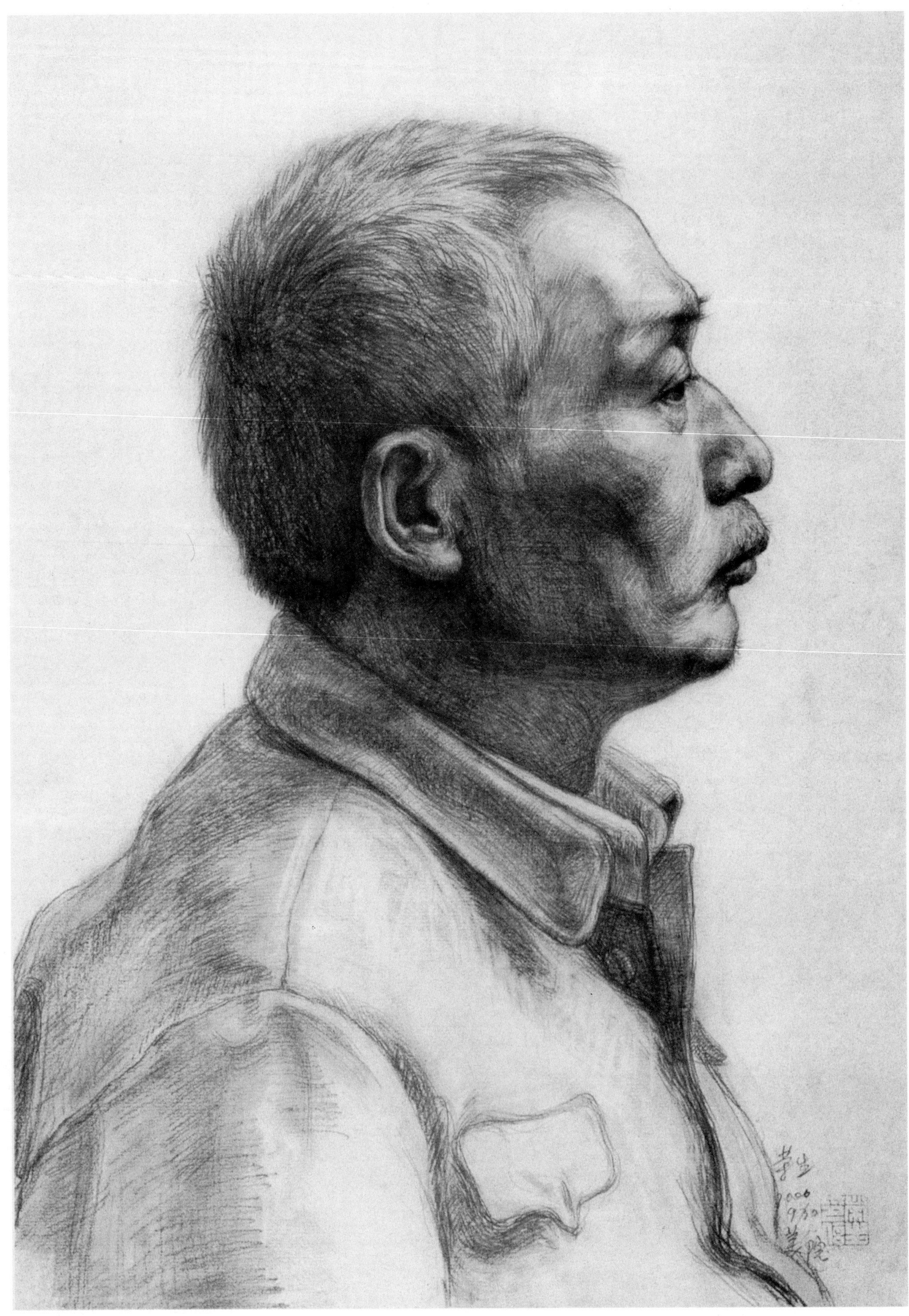

中央美术学院　孙荣生

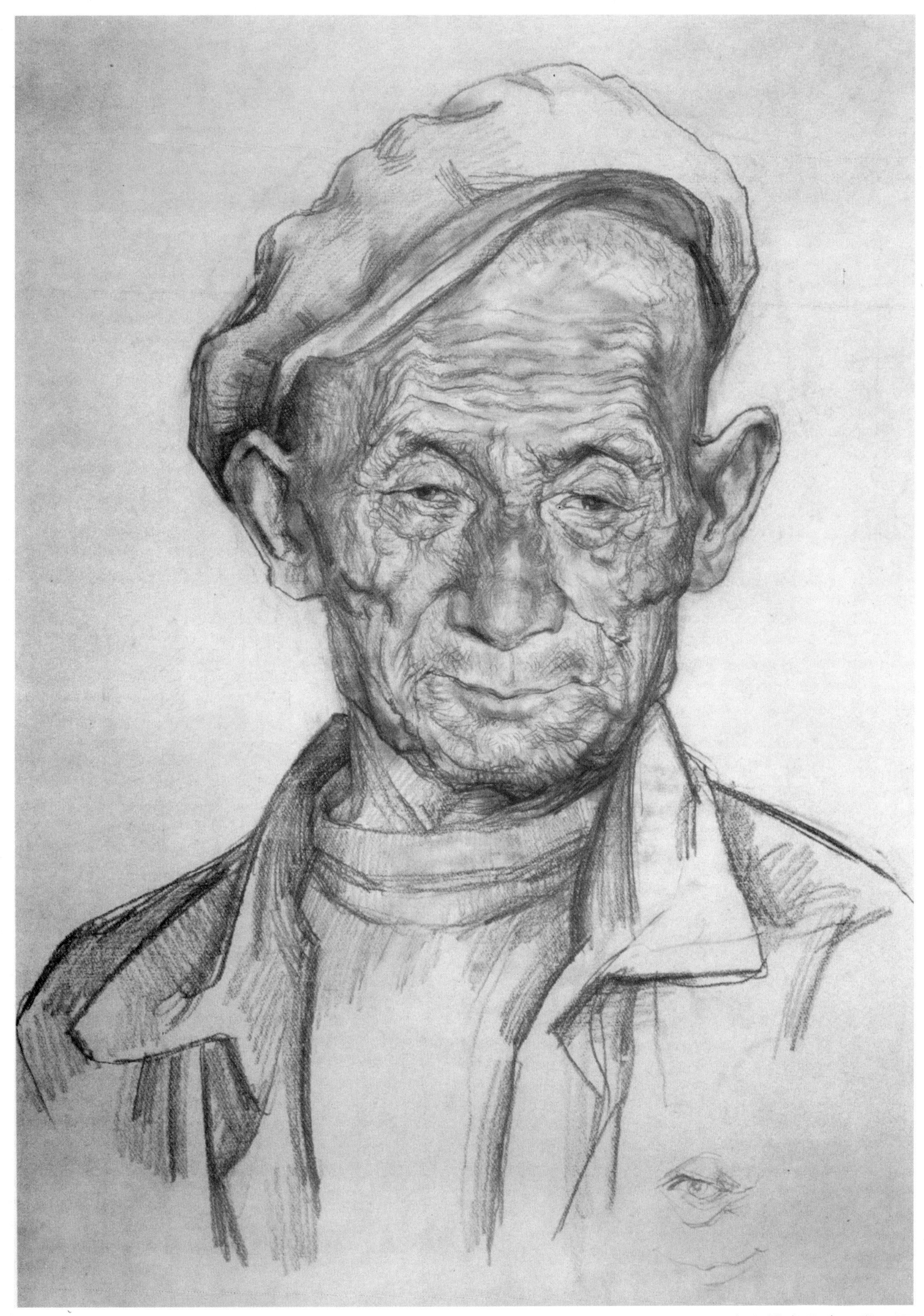

中央美术学院　党　震

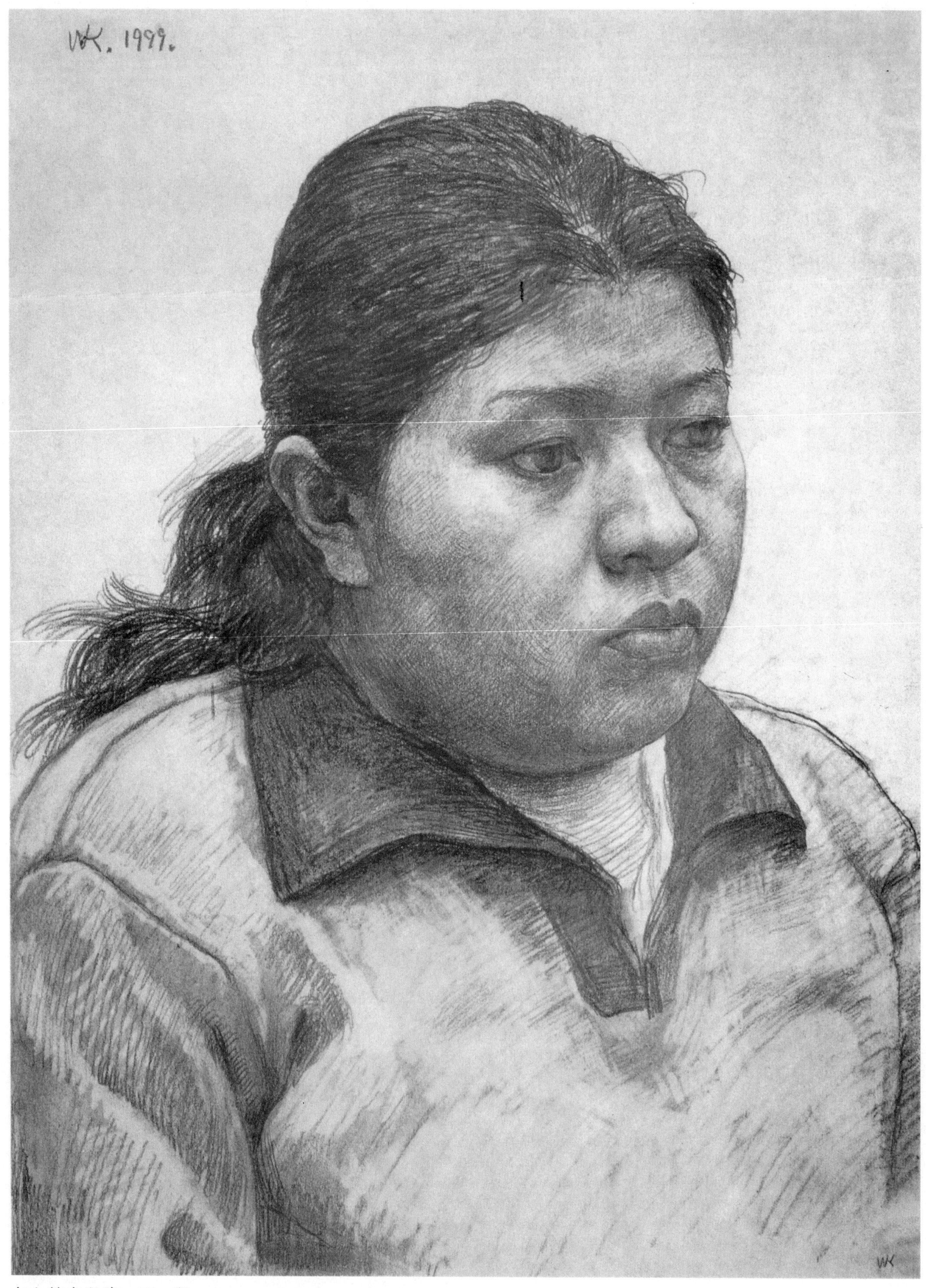

中央美术学院　王　凯

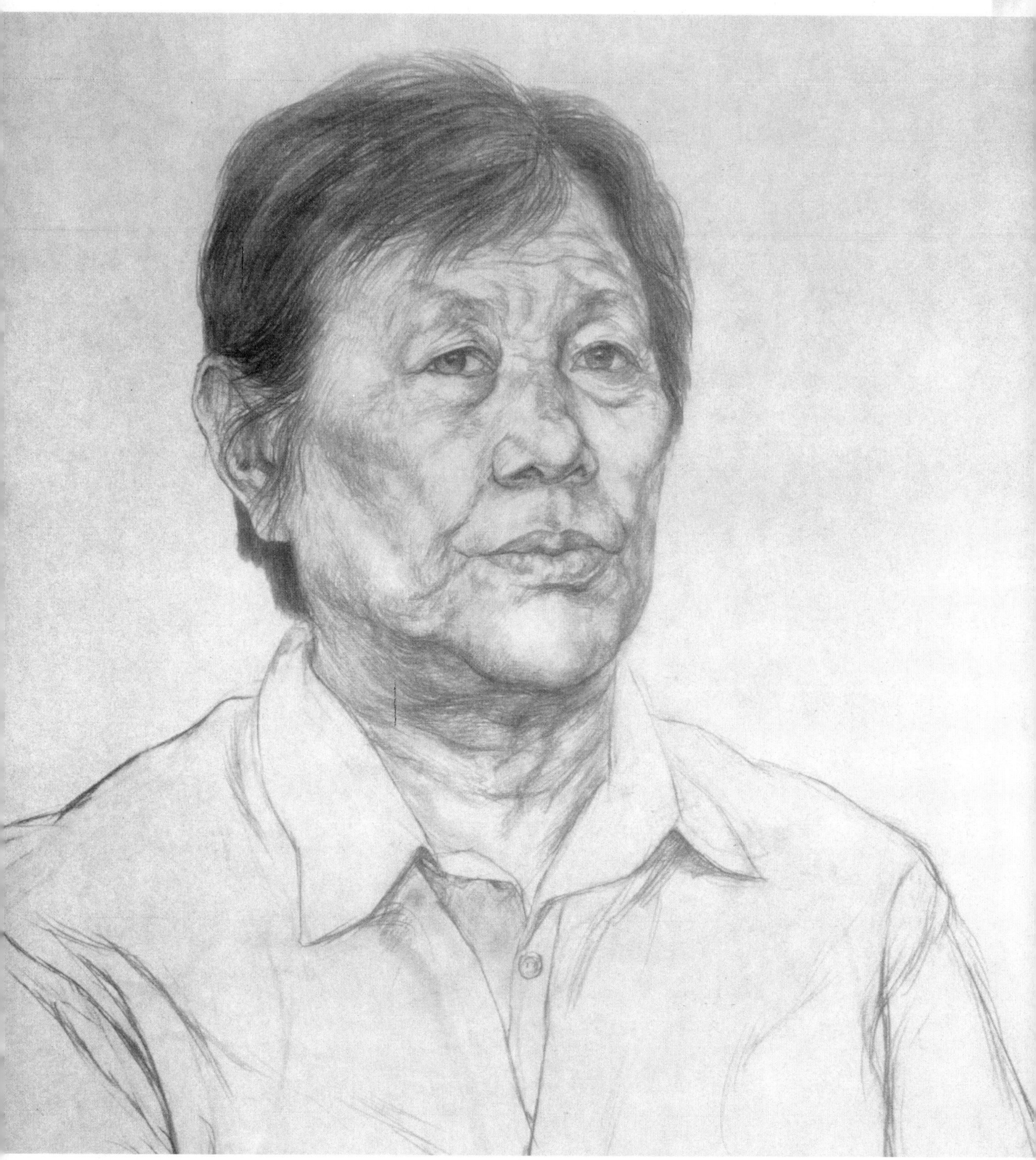

中央美术学院　丁　乐

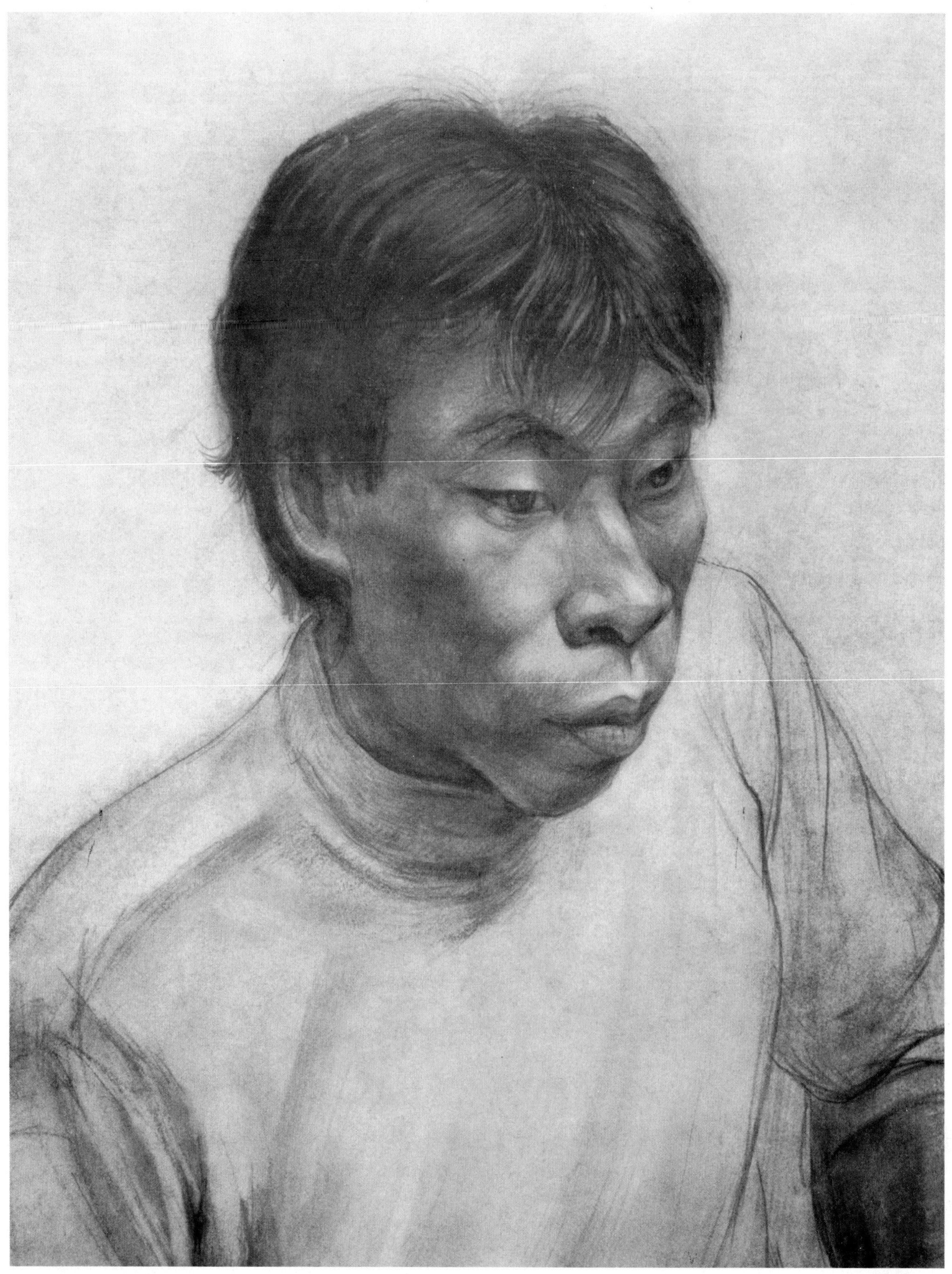

中央美术学院　贾鸿君

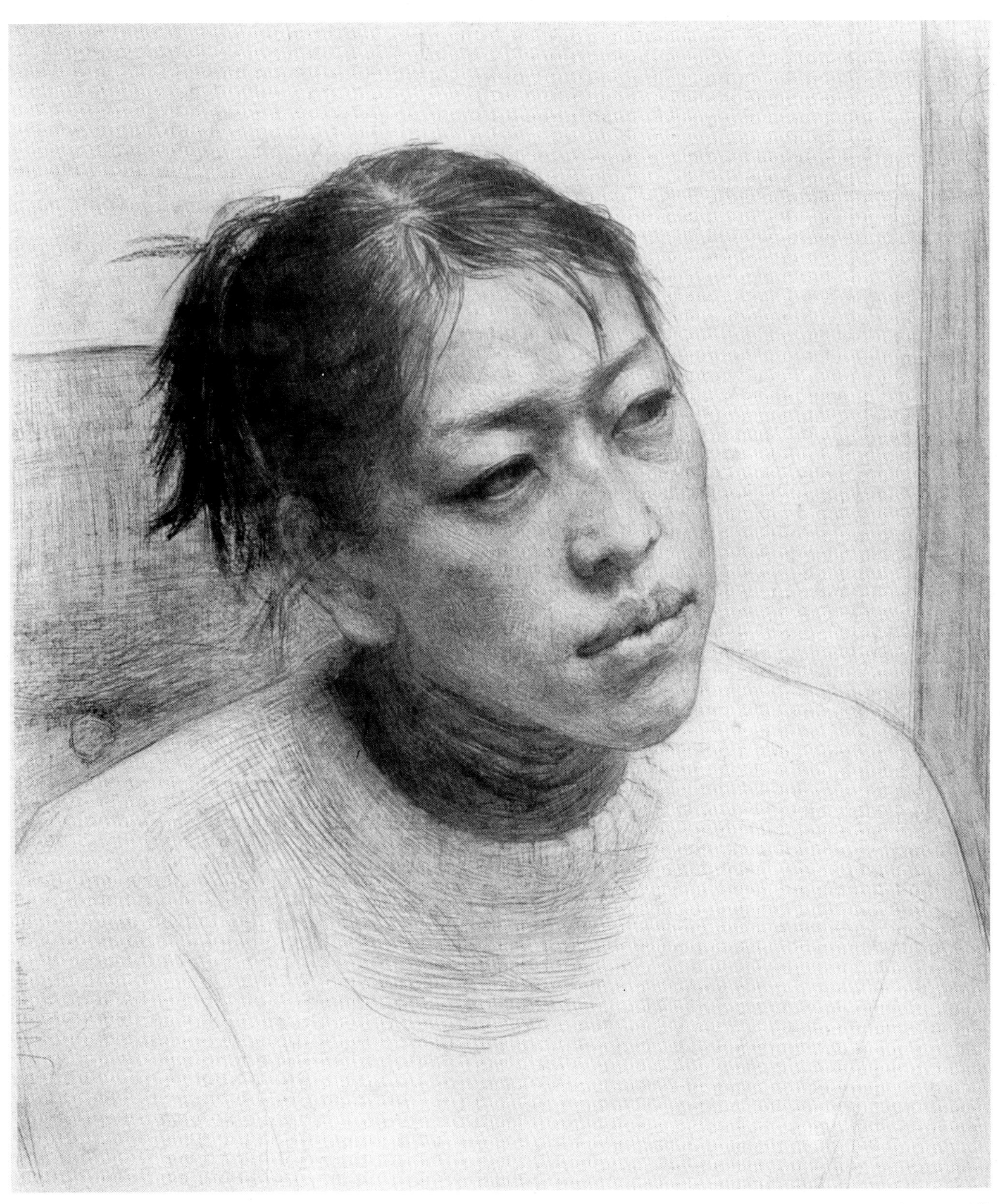

中央美术学院　邱　琳

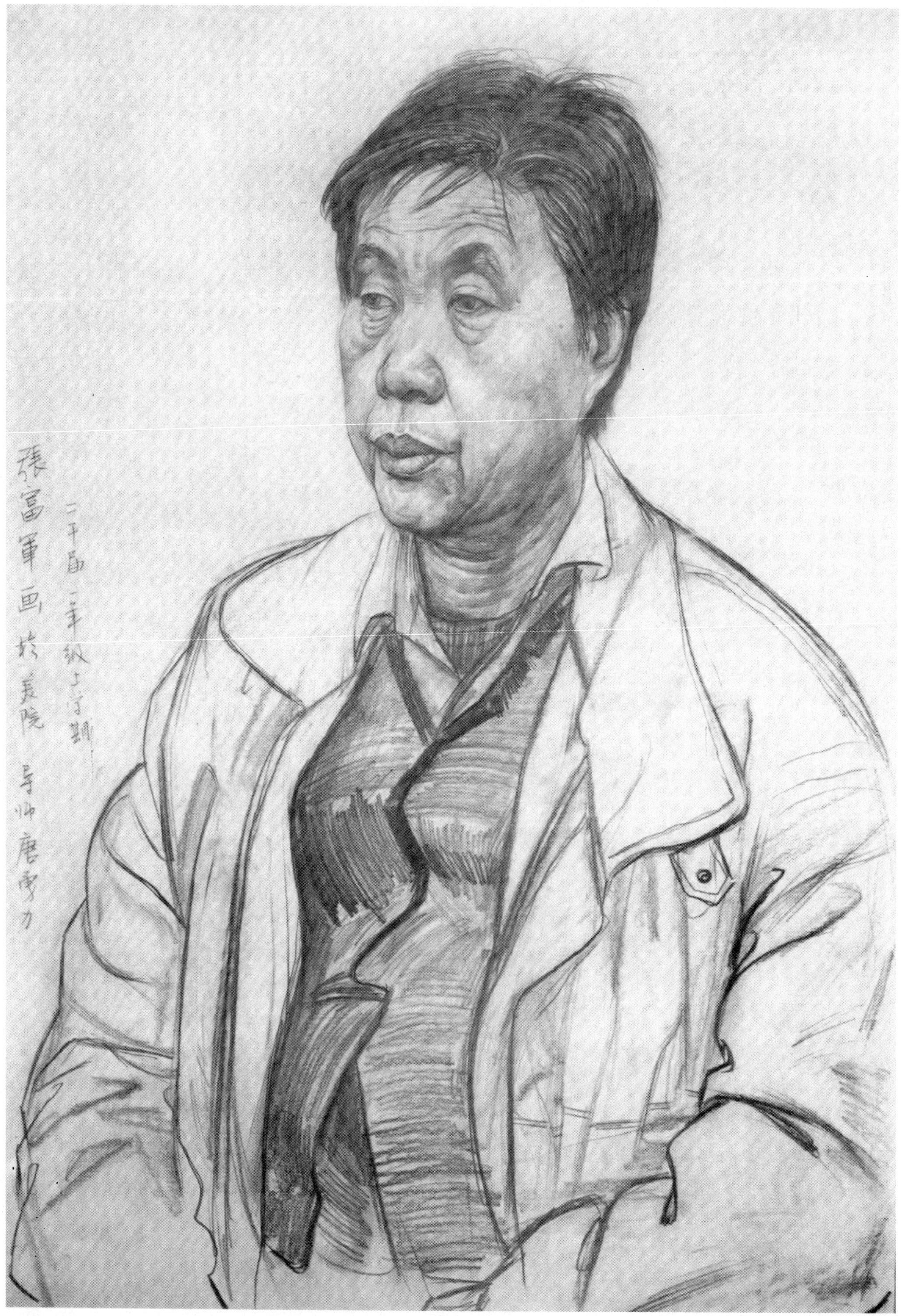

中央美术学院　张富军

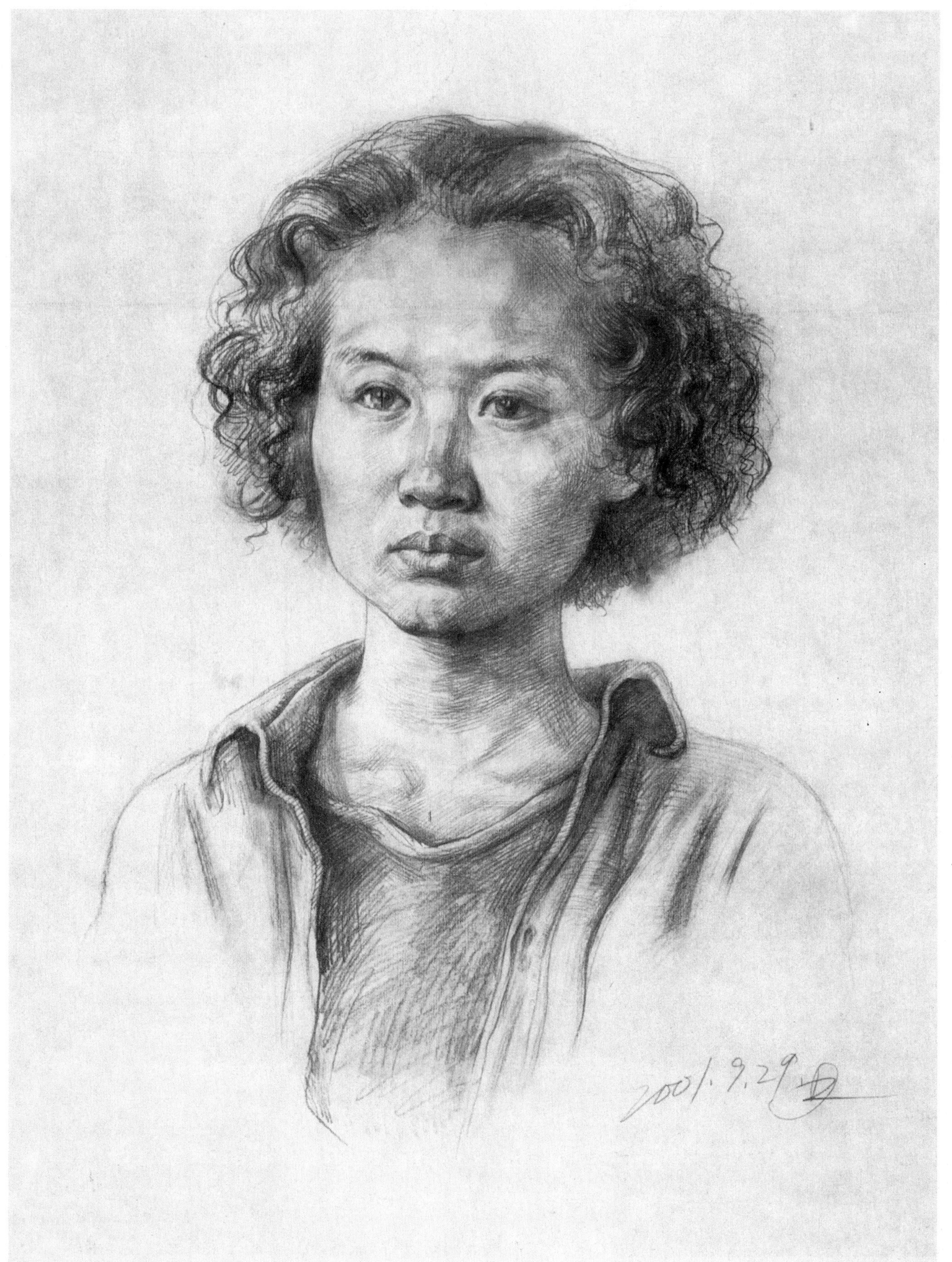

中央美术学院　党　震

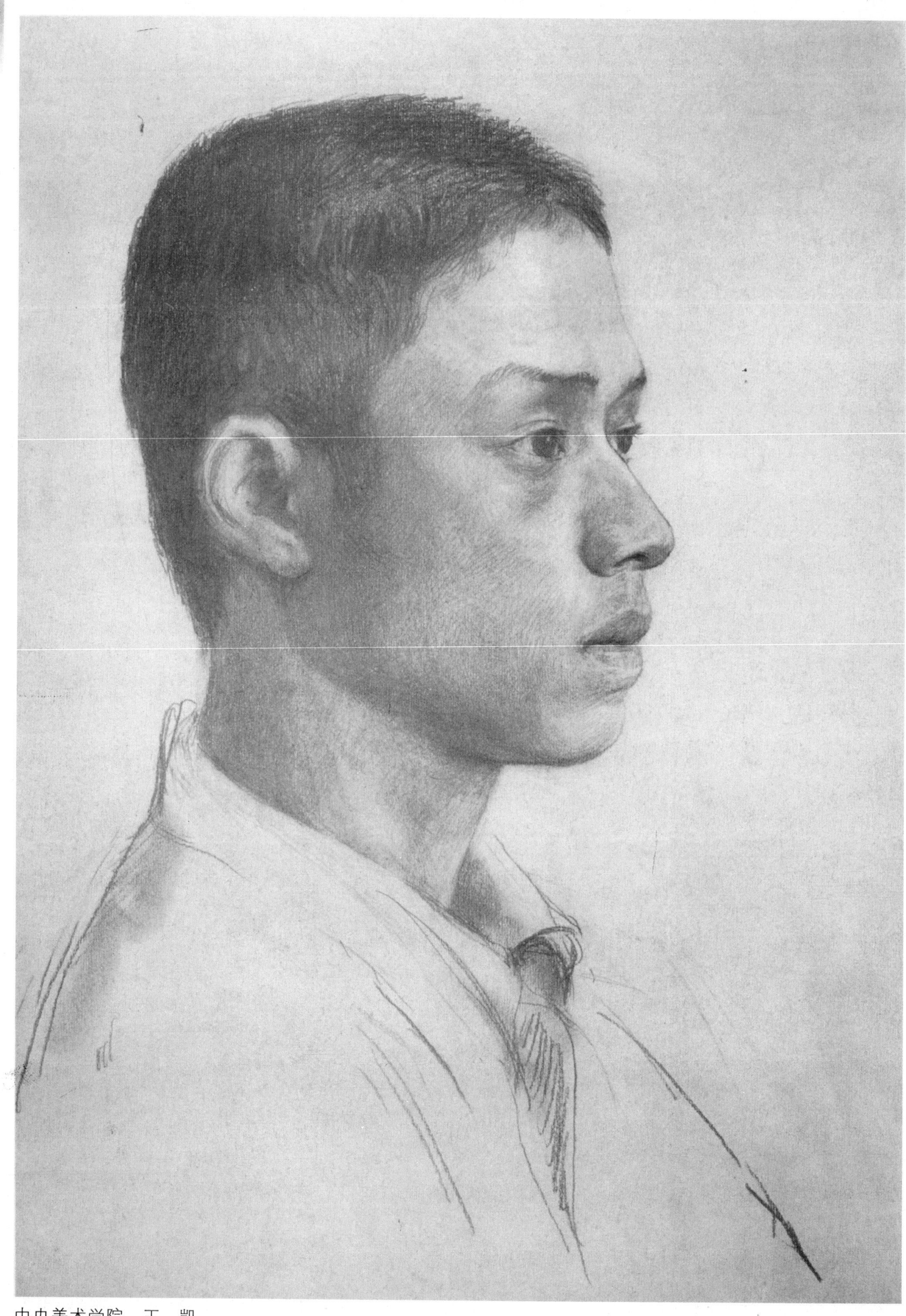

中央美术学院　王　凯

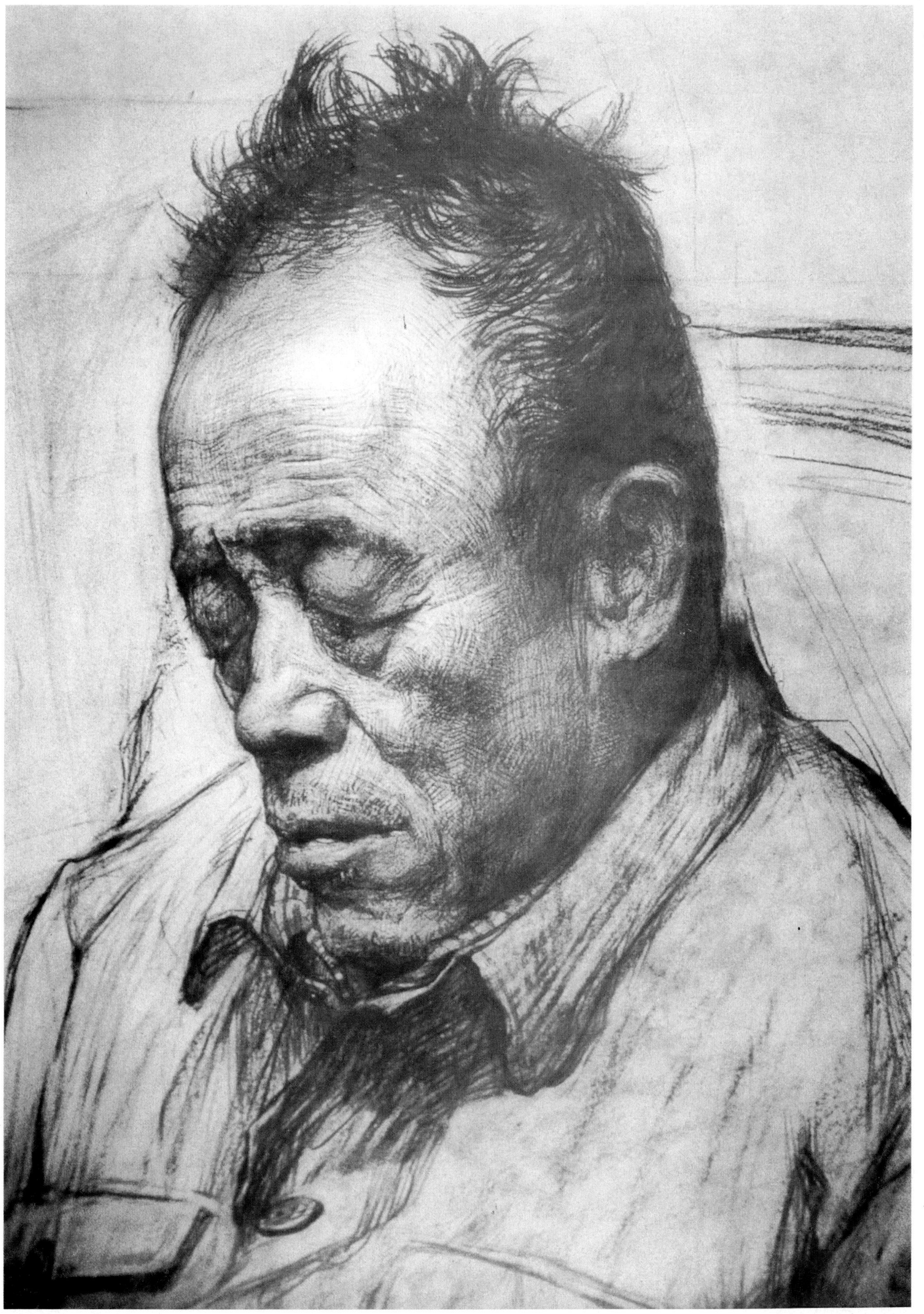

中央美术学院　邱　琳

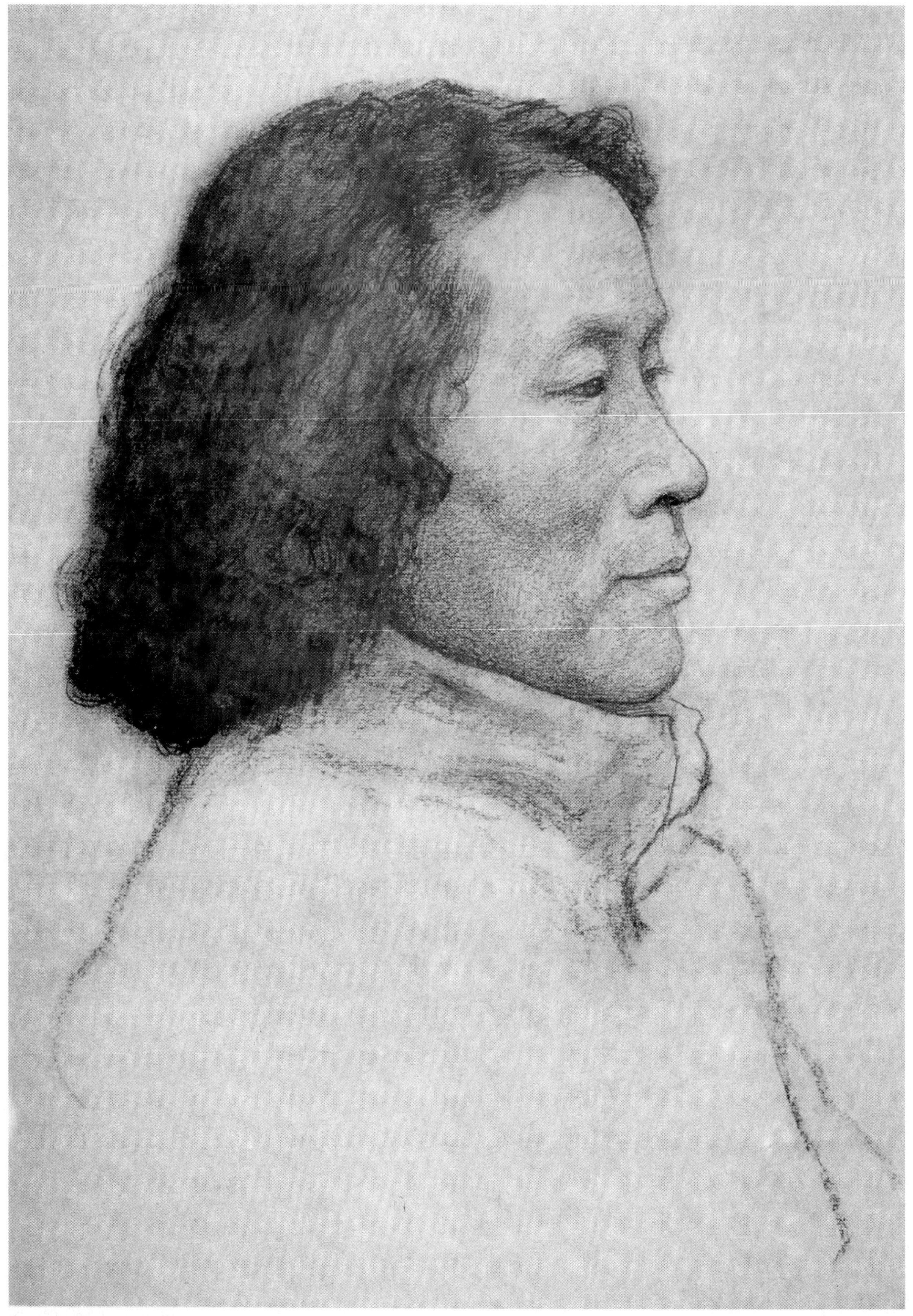

中央美术学院　王　凯

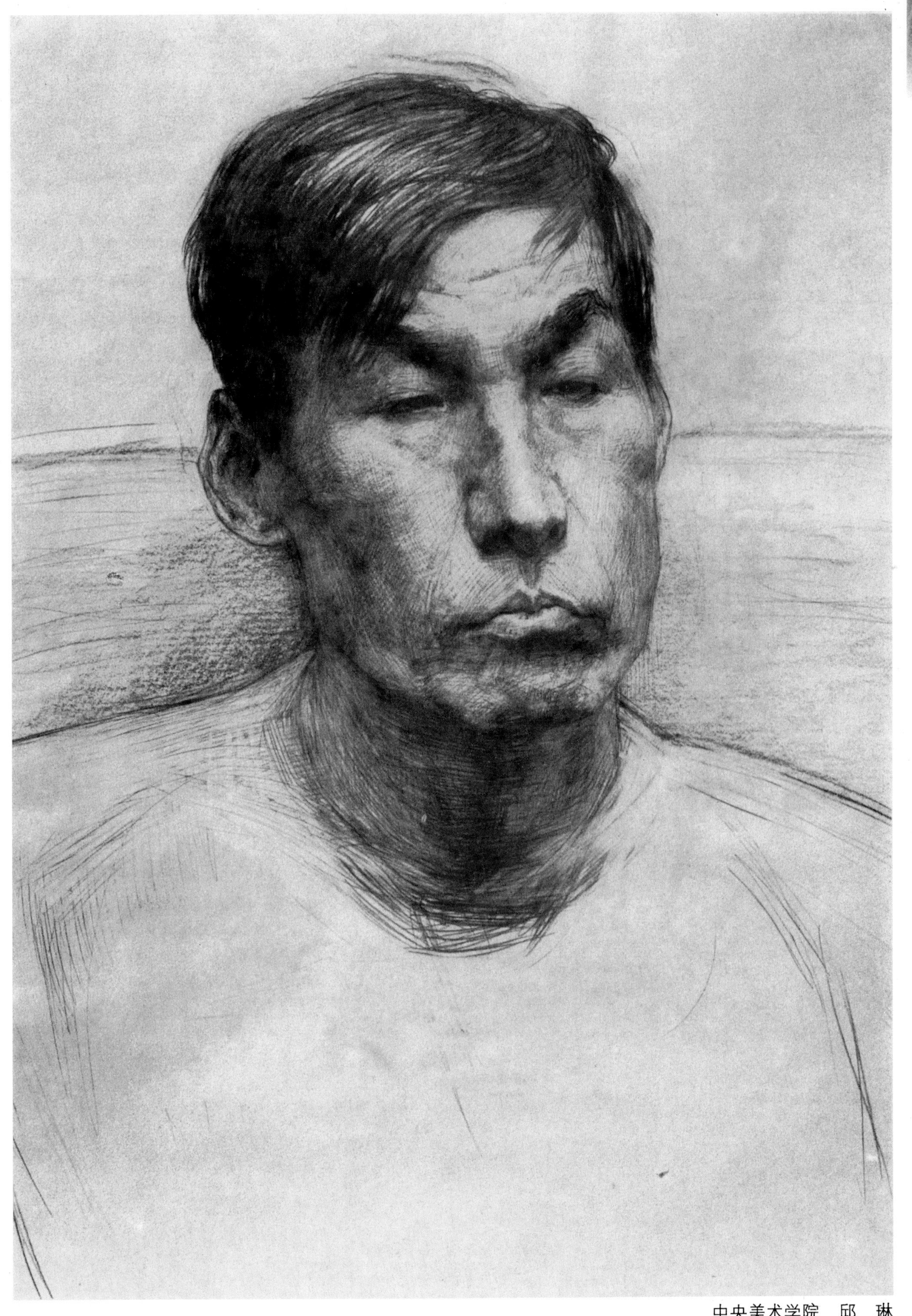

中央美术学院　邱　琳

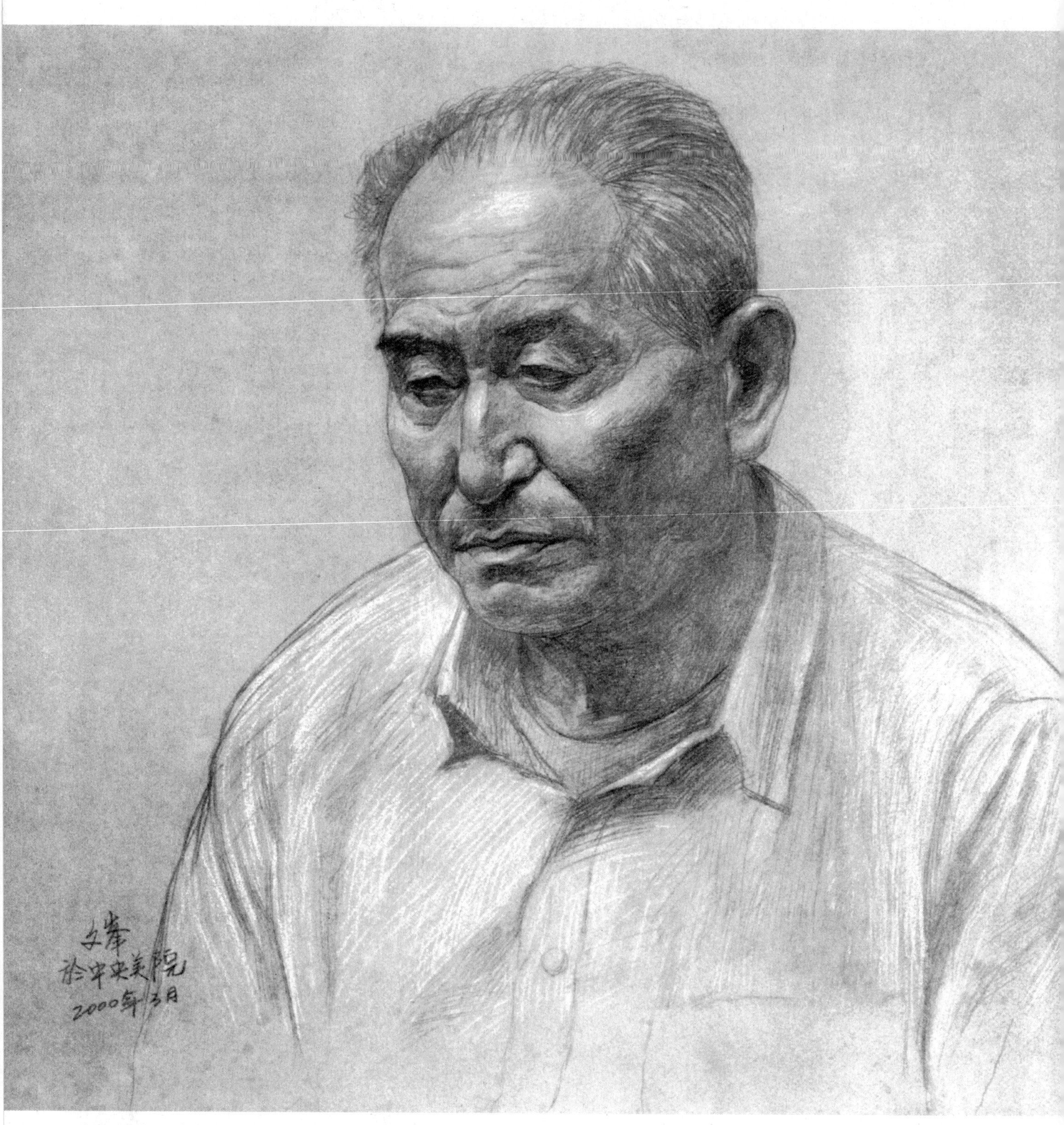

中央美术学院　李文峰

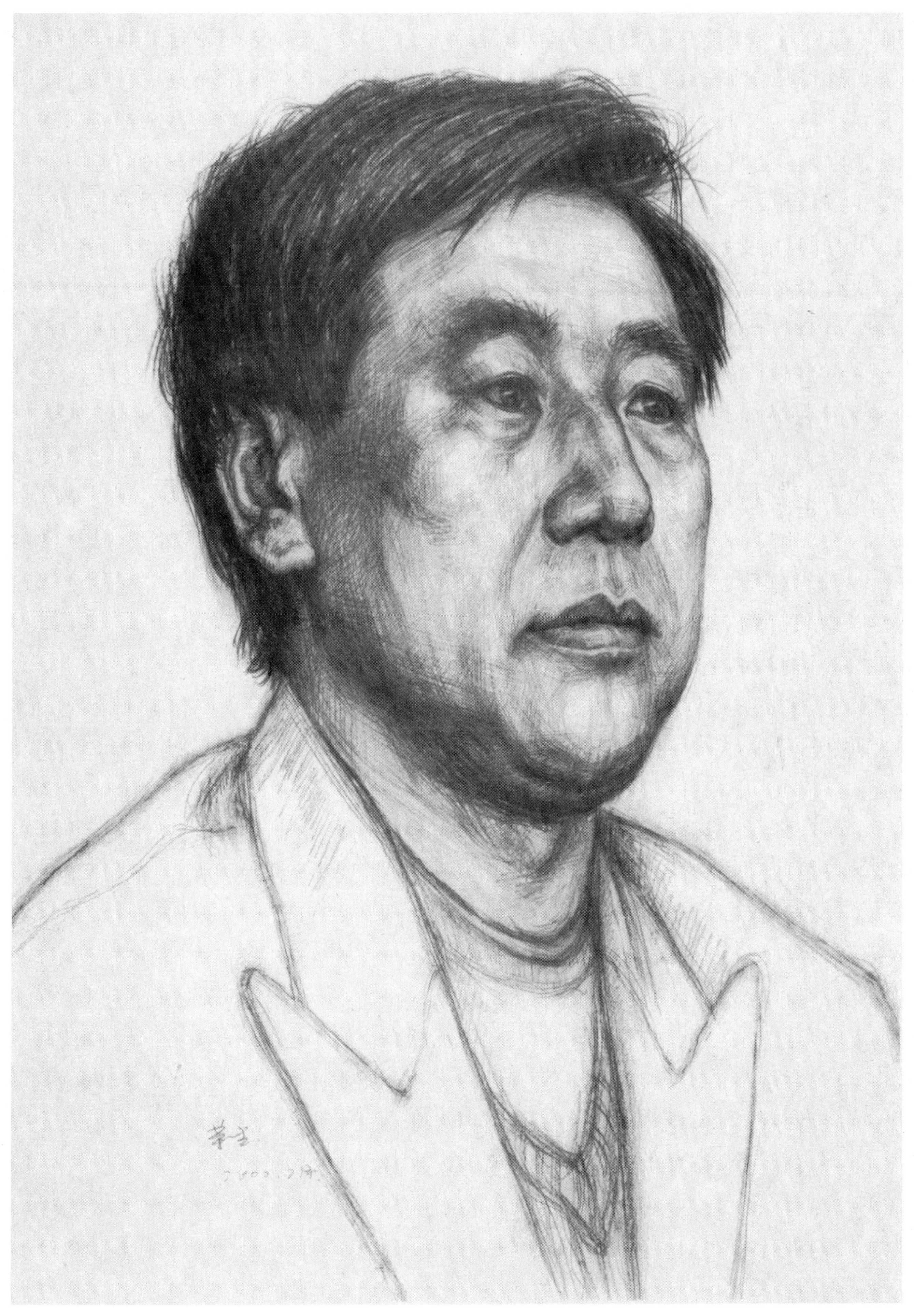

中央美术学院　孙荣生

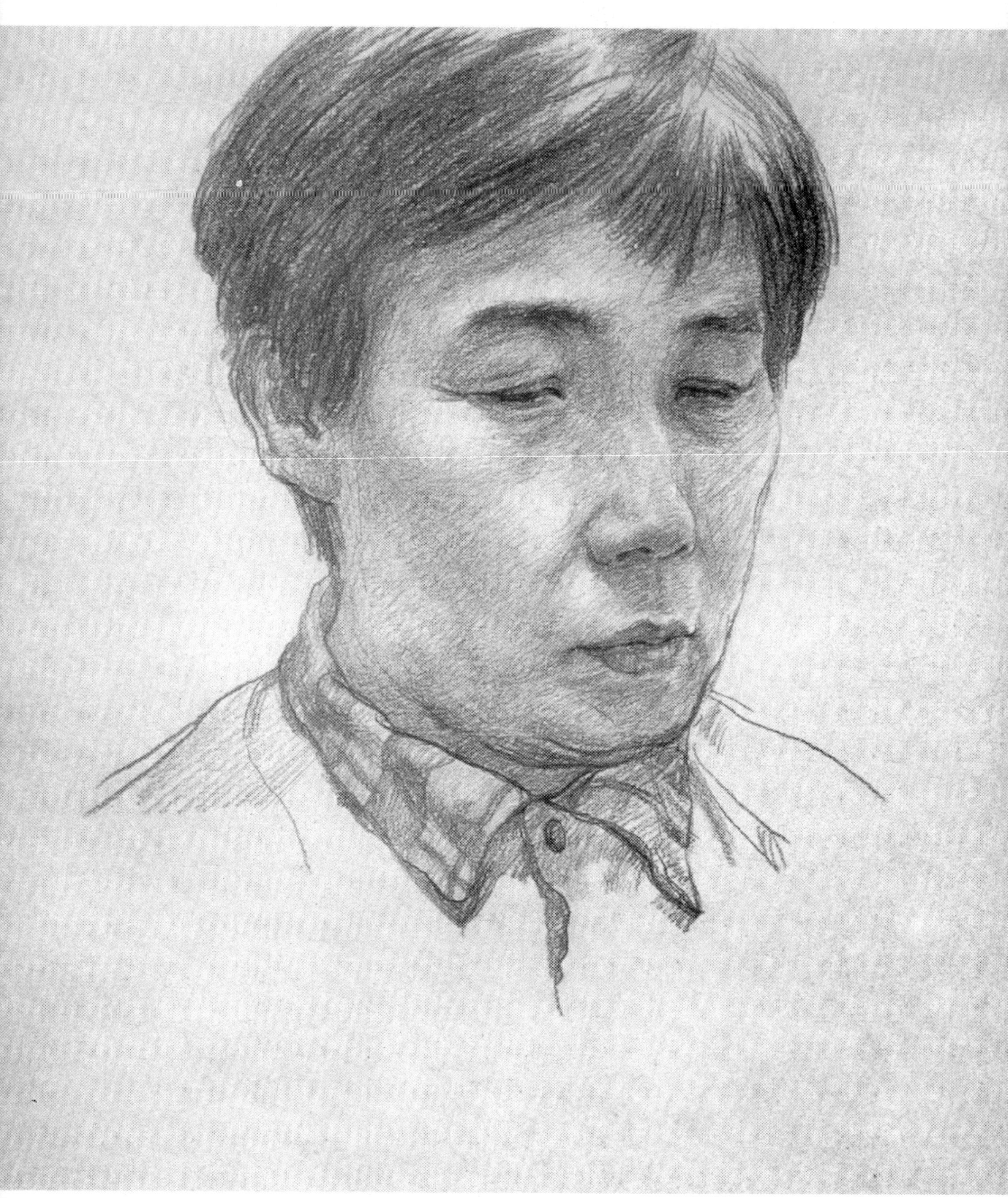

中央美术学院　张　唯

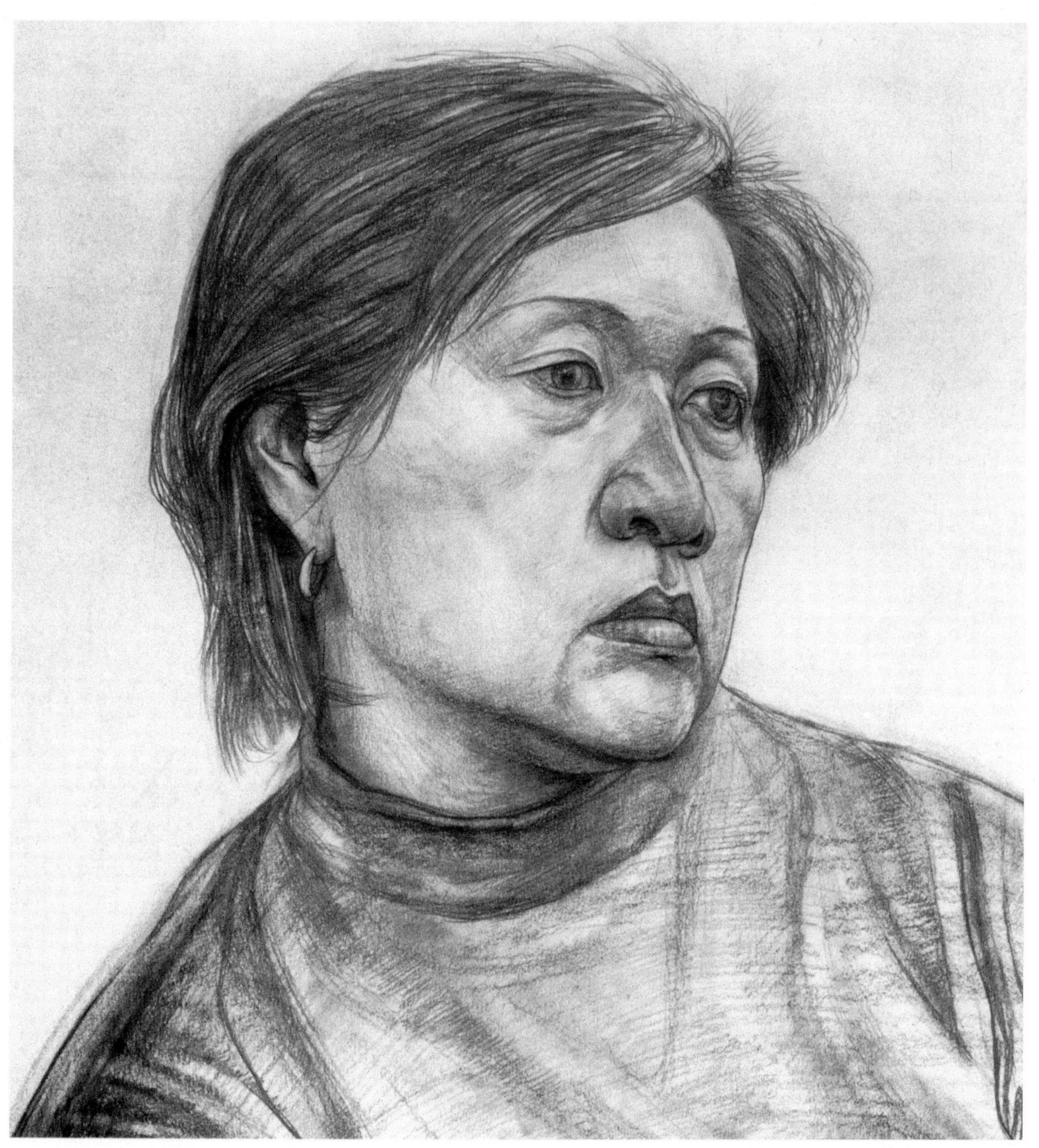

中央美术学院　张富军

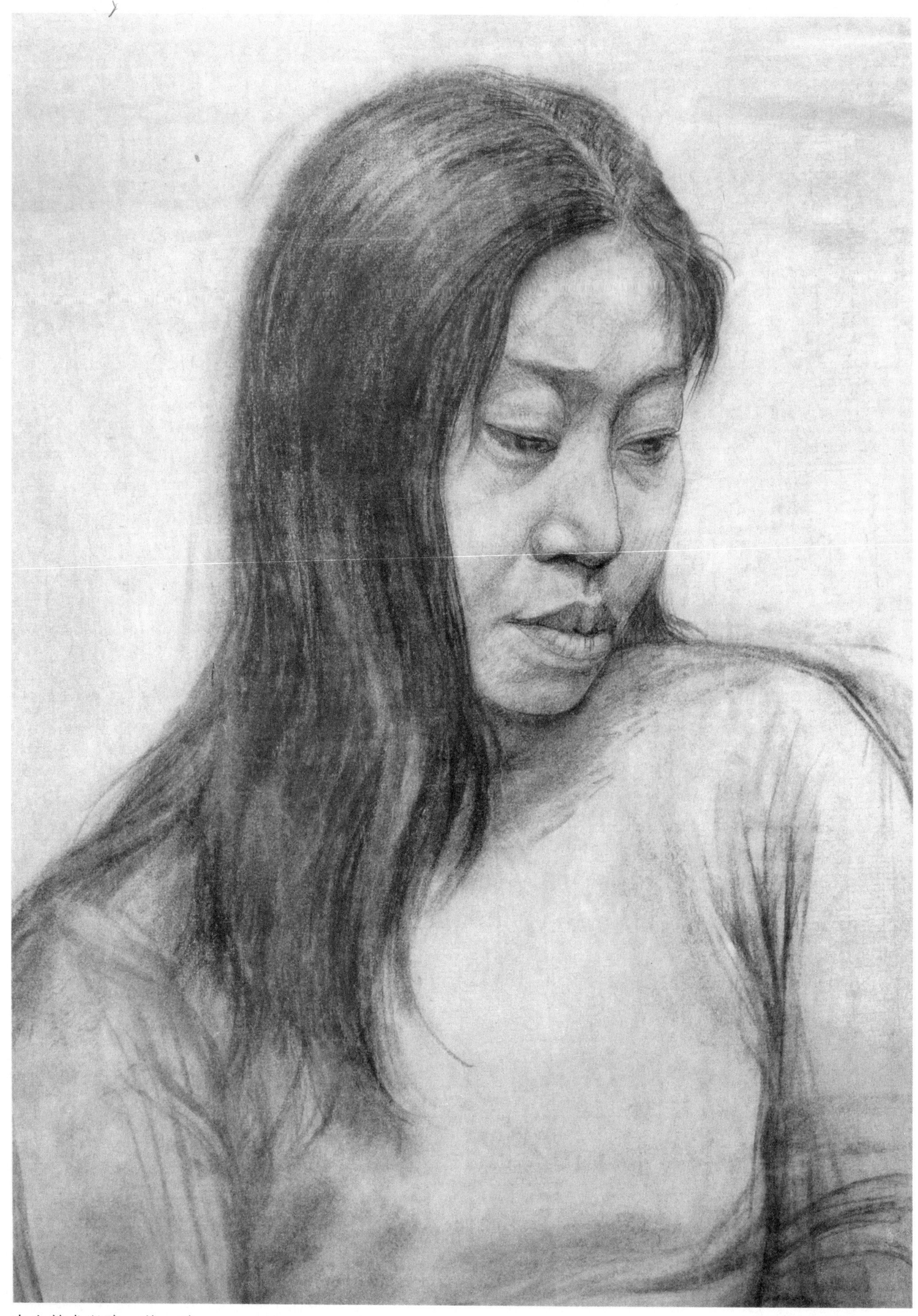

中央美术学院　苏　鸣

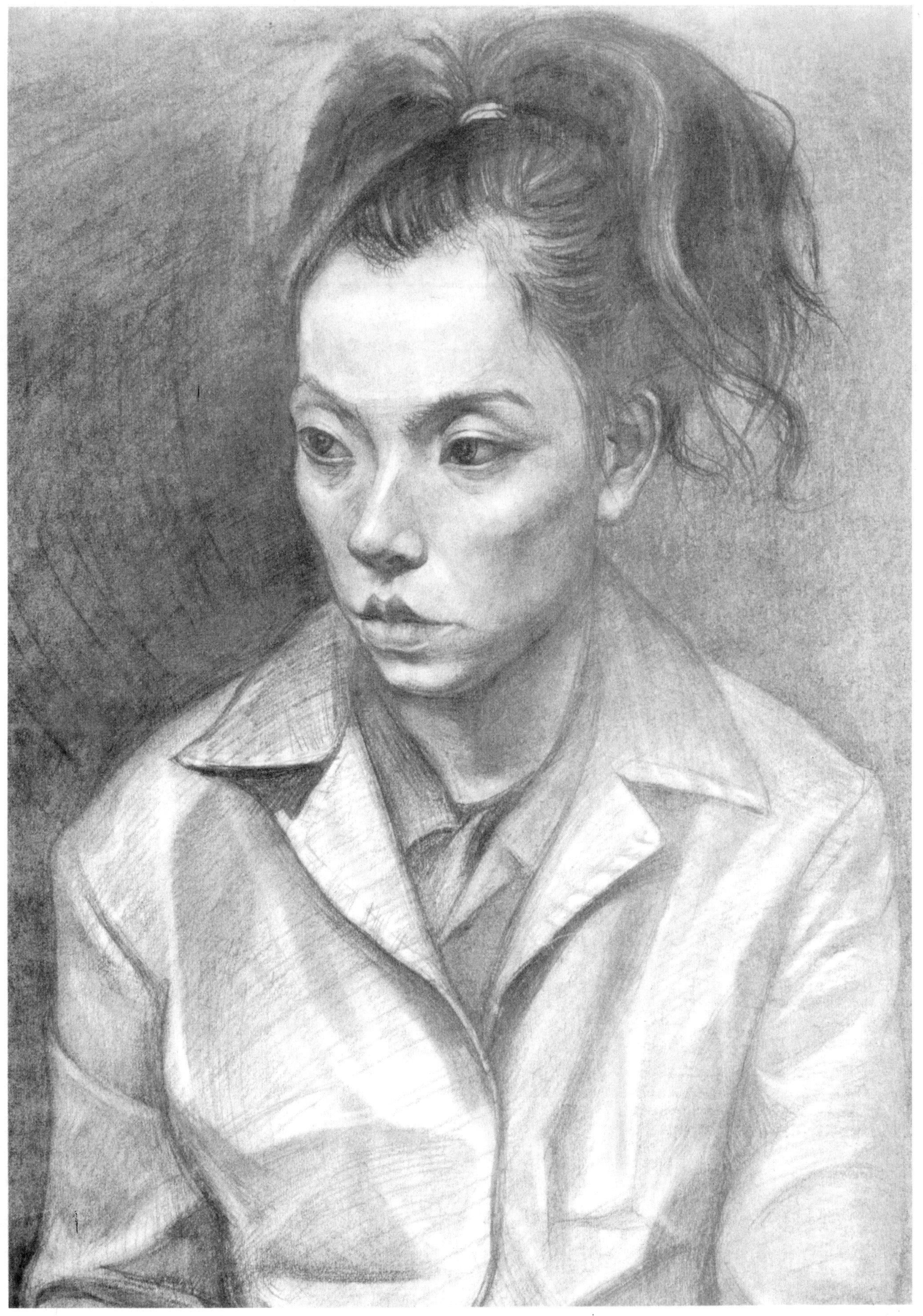

中央美术学院　贾鸿君

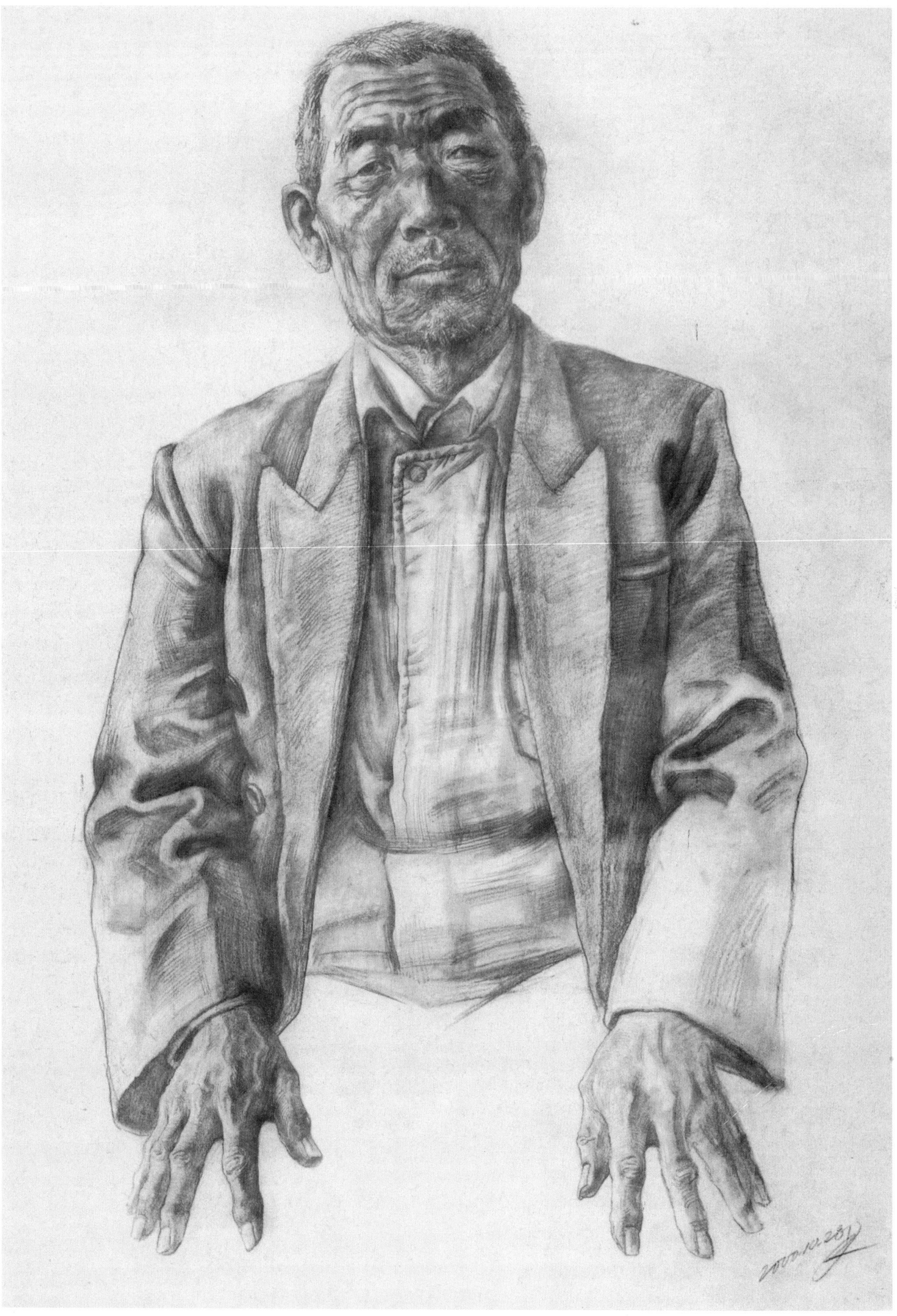

中央美术学院　党　震

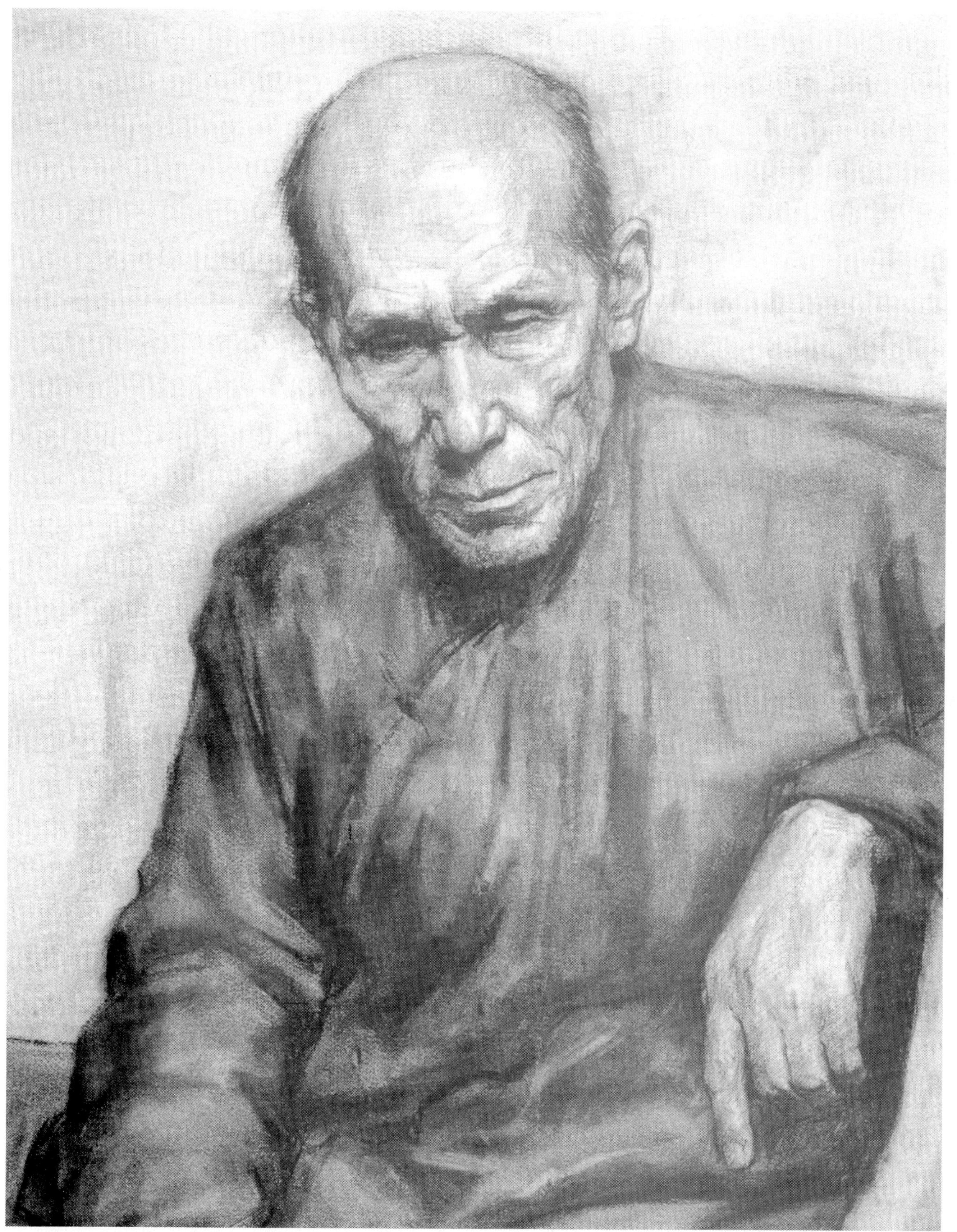

中央美术学院　骆海铭

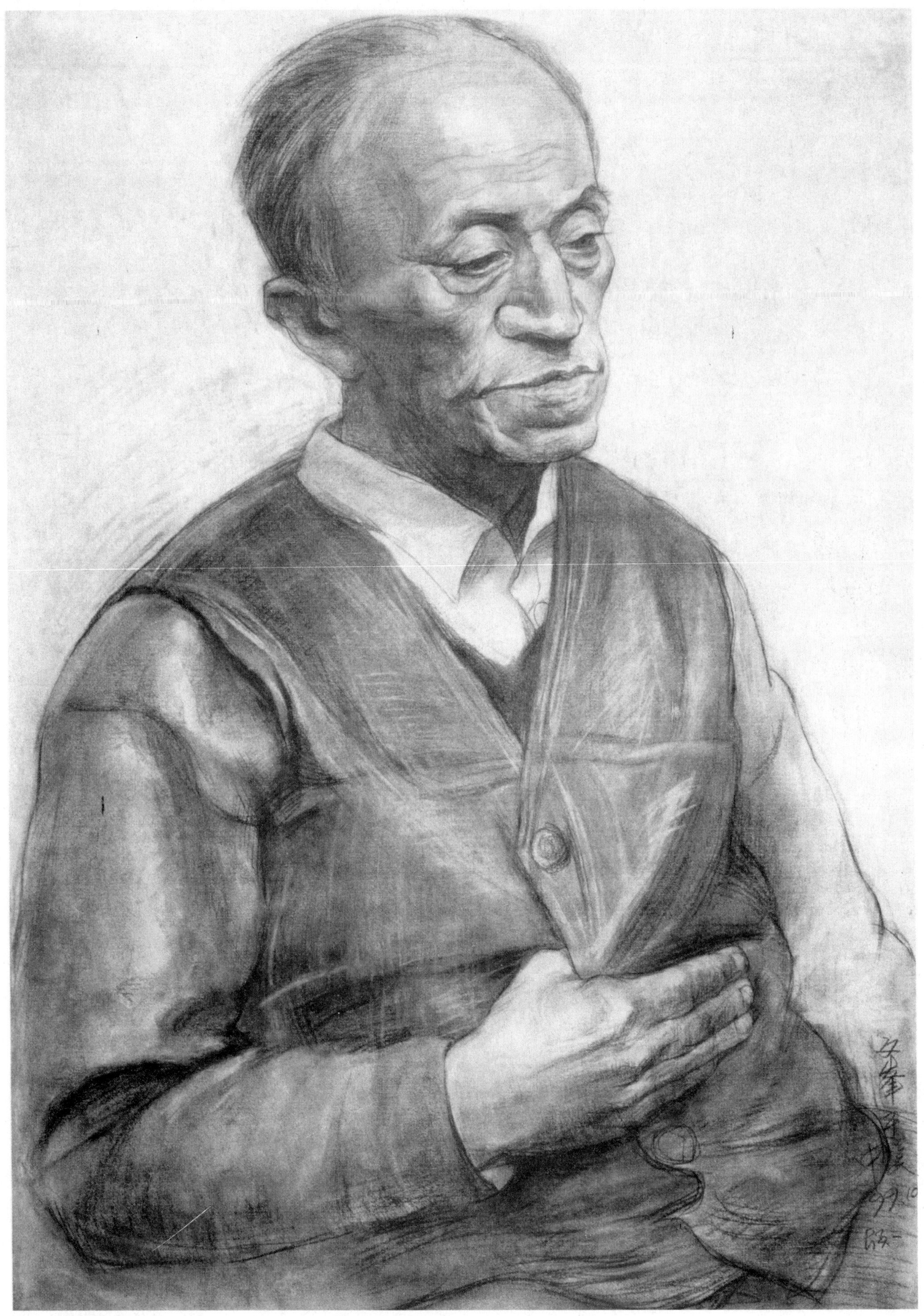

中央美术学院　李文峰

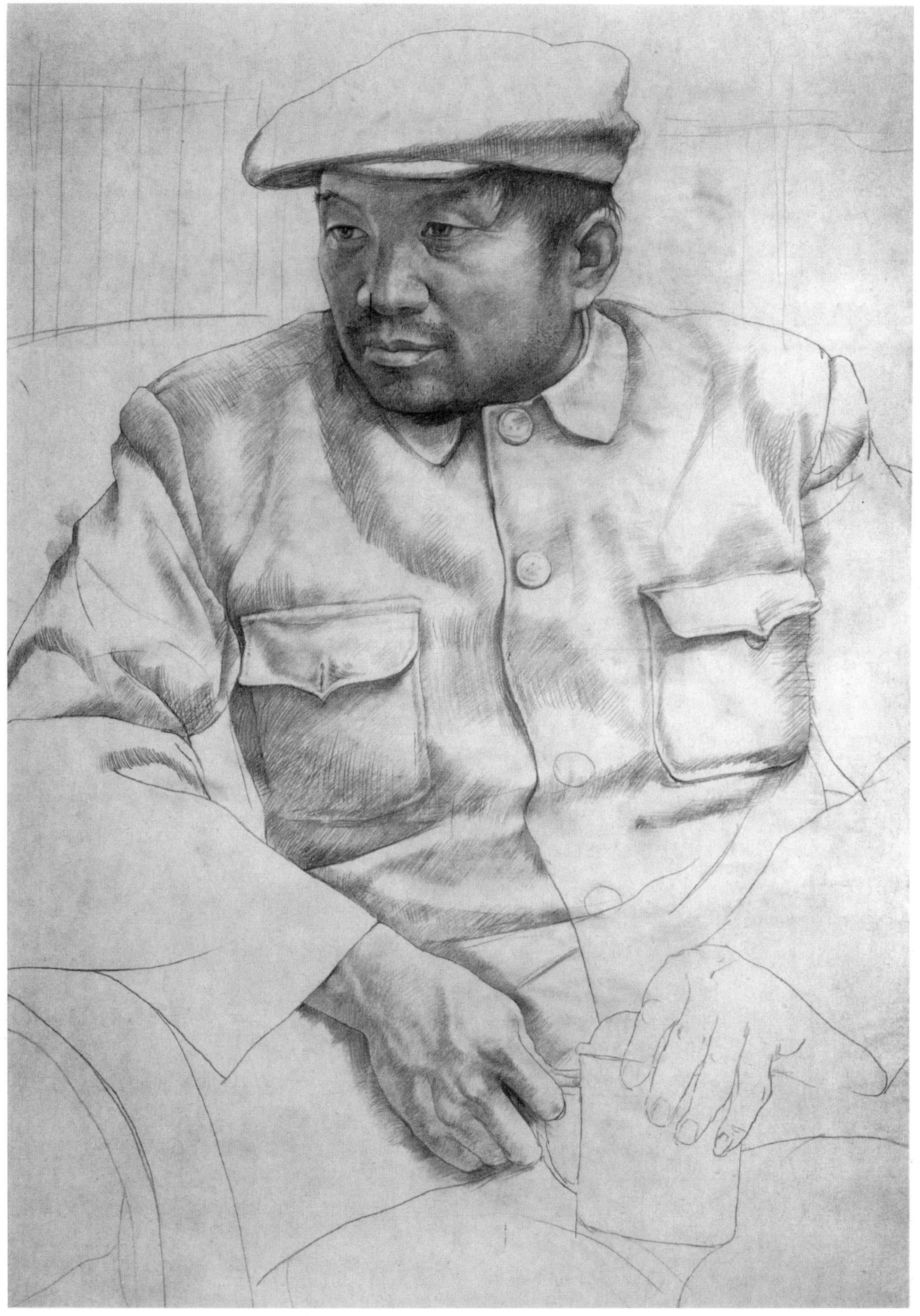

中央美术学院　苏　鸣

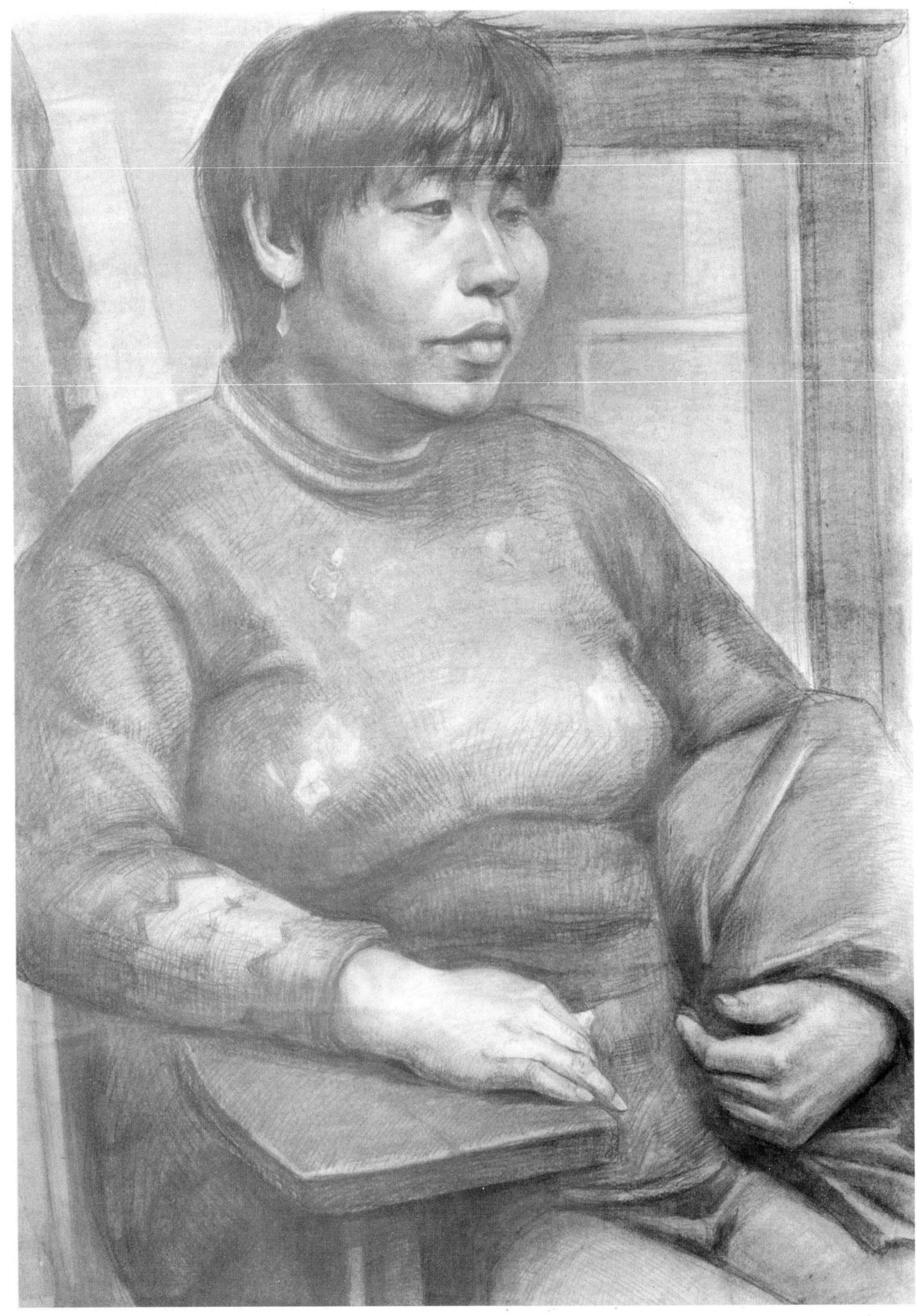

中央美术学院　贾鸿君

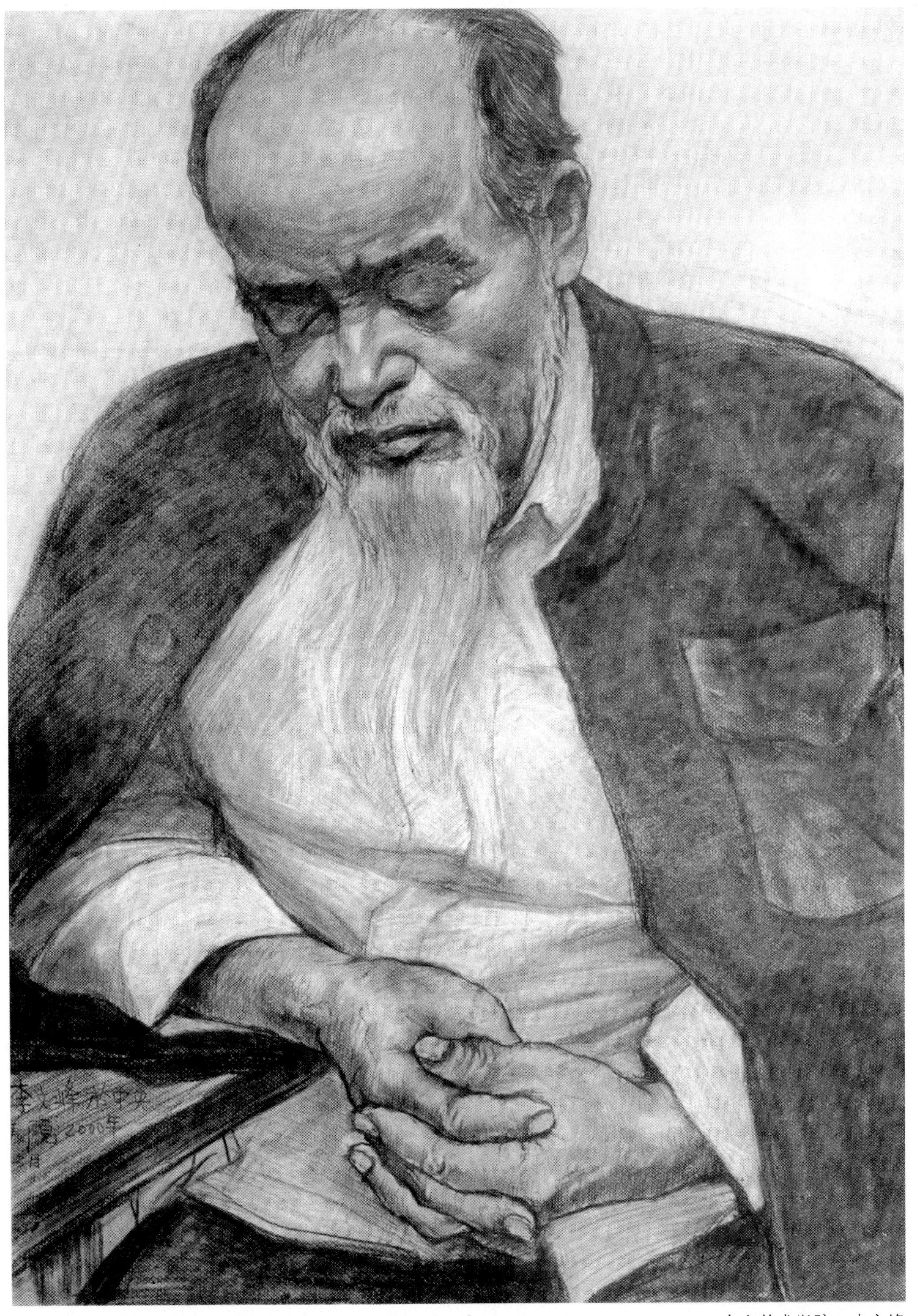

中央美术学院　李文峰

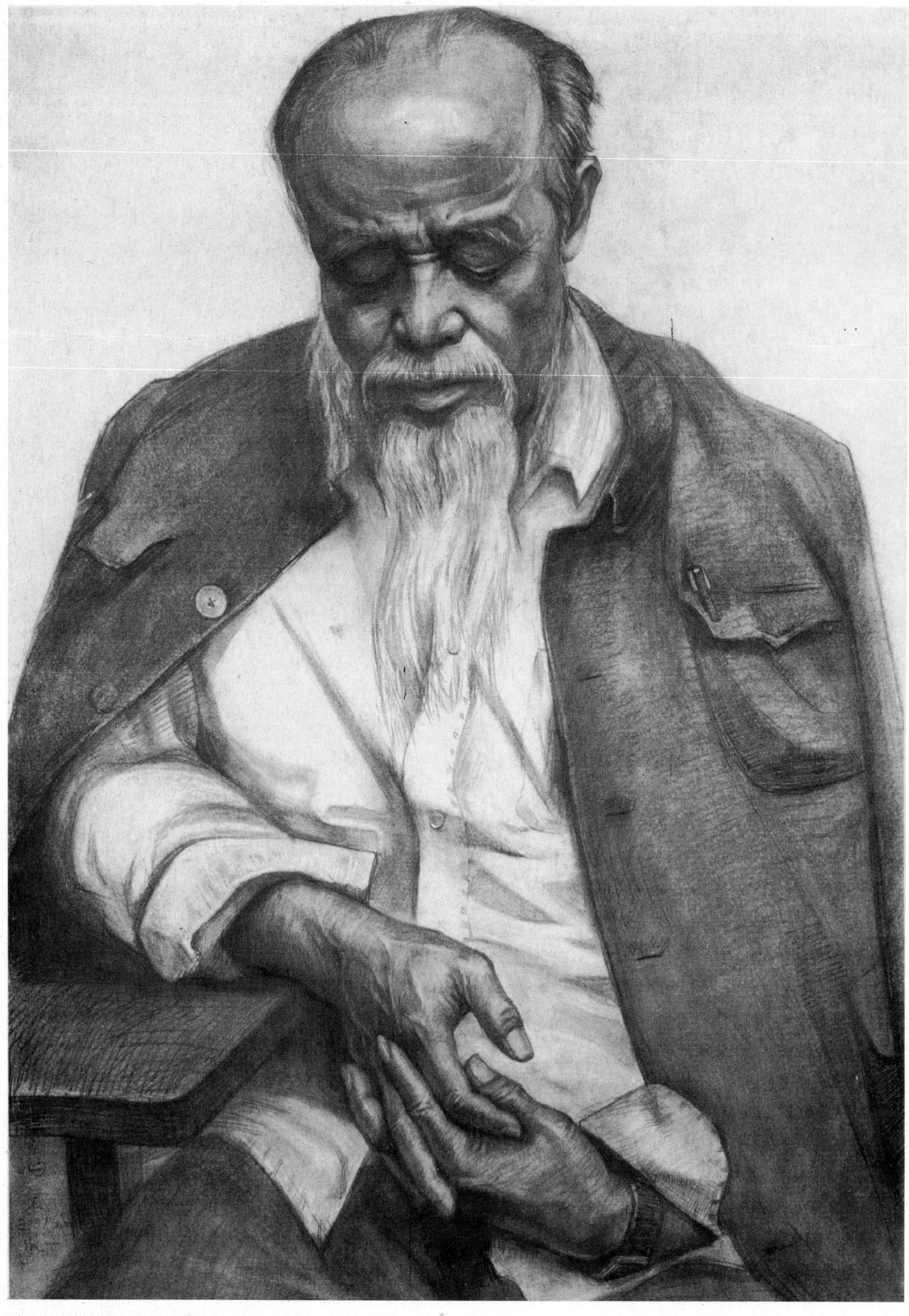

中央美术学院　贾鸿君

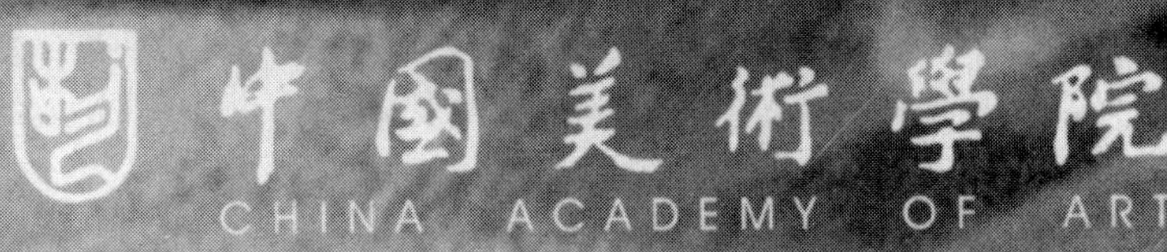

素描作品

素描的精神

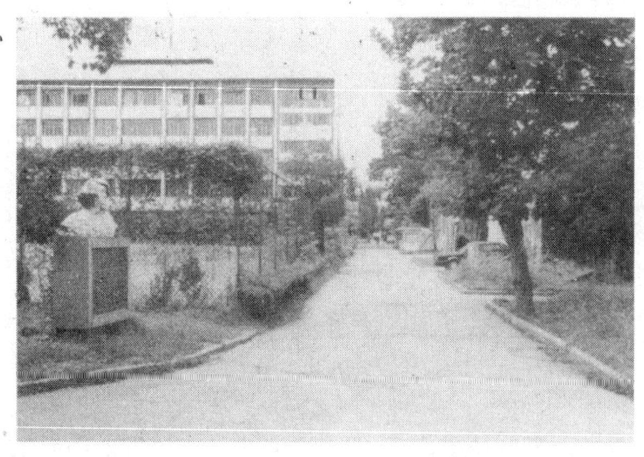

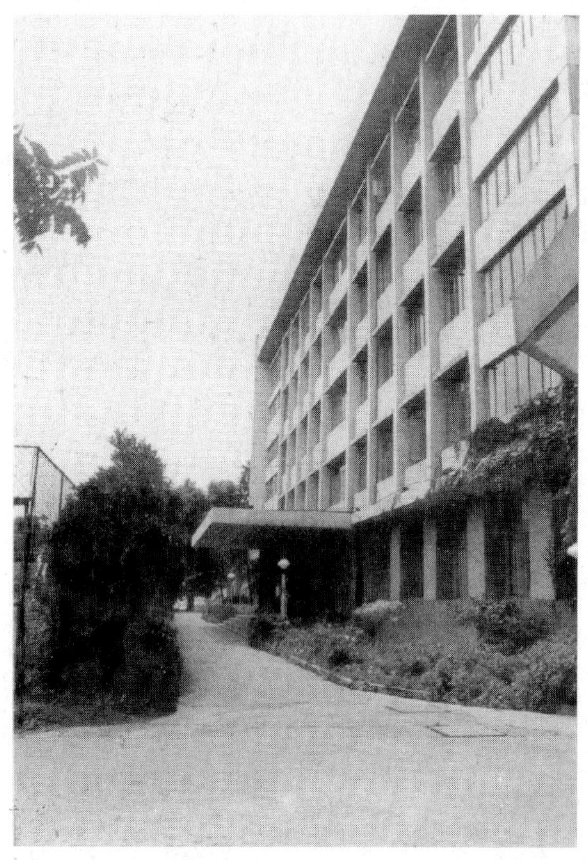

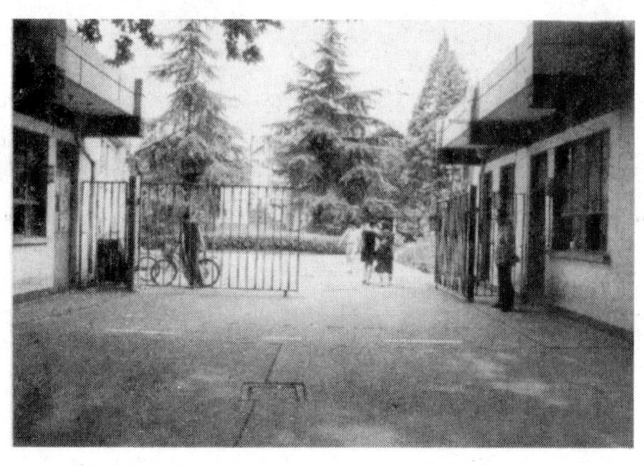

素描是什么？我想主要就是一种热情。我们很少意识到自己在一刻不停地呼吸，因为呼吸对人来说是一件很自然的事，自然到了不会意识到它的存在，等到关注呼吸问题，一大半是进了医院。总在谈素描问题，是有“素描忧患症”，脑袋不能控制手，所以关注它。没有障碍的人总是很轻松，素描练到自由自在是一种幸福，只是这种幸福不太多，但喜欢画素描，是体验到了素描这种形式的魅力，否则谈什么喜欢素描呢？素描的手段太简单，几乎一点装饰都没有，于是只能依靠它最大程度的精练，把线条、明暗结构这些东西做到了最和谐的程度，这就需要人的心智、认识以及身体这些素描以外的东西，所以素描要有内涵，用简单表达深奥，这恐怕是素描最大的难题。

其实，当你认真地体会一件事物时，都会发现有了大道理在背后，我画故我在，素描中有了人的思考和精神，它的简单无华，就被赋予了强烈的精神气息。如果一张素描感动你，原因绝不是它所描绘的对象，而是描绘的形式，因为形式是你精神物化的结果。你的态度决定了你使用线条和明暗的效果，决定了你对形态的理解，而你描绘的对象隔了一段时间，也许就让人看了奇怪。古代有些素描仍然能感动你，正是因为素描的那种形式。形式容易被复制，于是就有了伪艺术，复制永远是低能者热衷的事，因为它不需要面对自己真实的感情，只要简单地抄袭就行。不能把形式理解成一种概念，因为只有把形式赋予了自己真实而具体的感情时，形式才有了生命，才会感动别人，而做到这一点，正是艺术家面临的考验。

其实，不要把自己伪装成一个想象中的什么人，做一个很真实的自己，即便有许多缺点，也是可爱的，至少你是有勇气的，有些人做不到这一点，是他内心的力量还不够强大，所以他需要伪装，天知道他有多么痛苦。

徐 方

2001年10月于中国美院

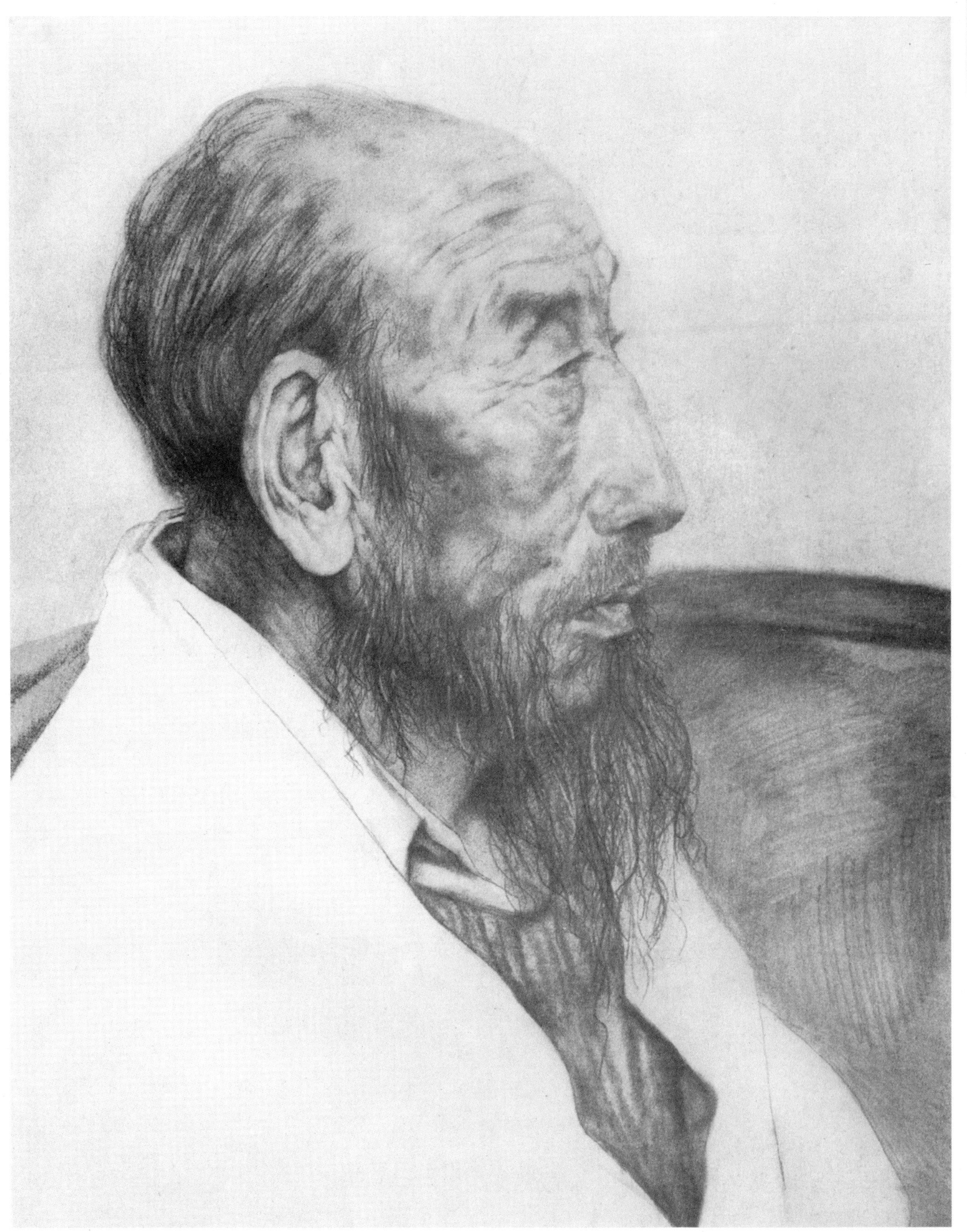

中国美术学院　曹晓阳

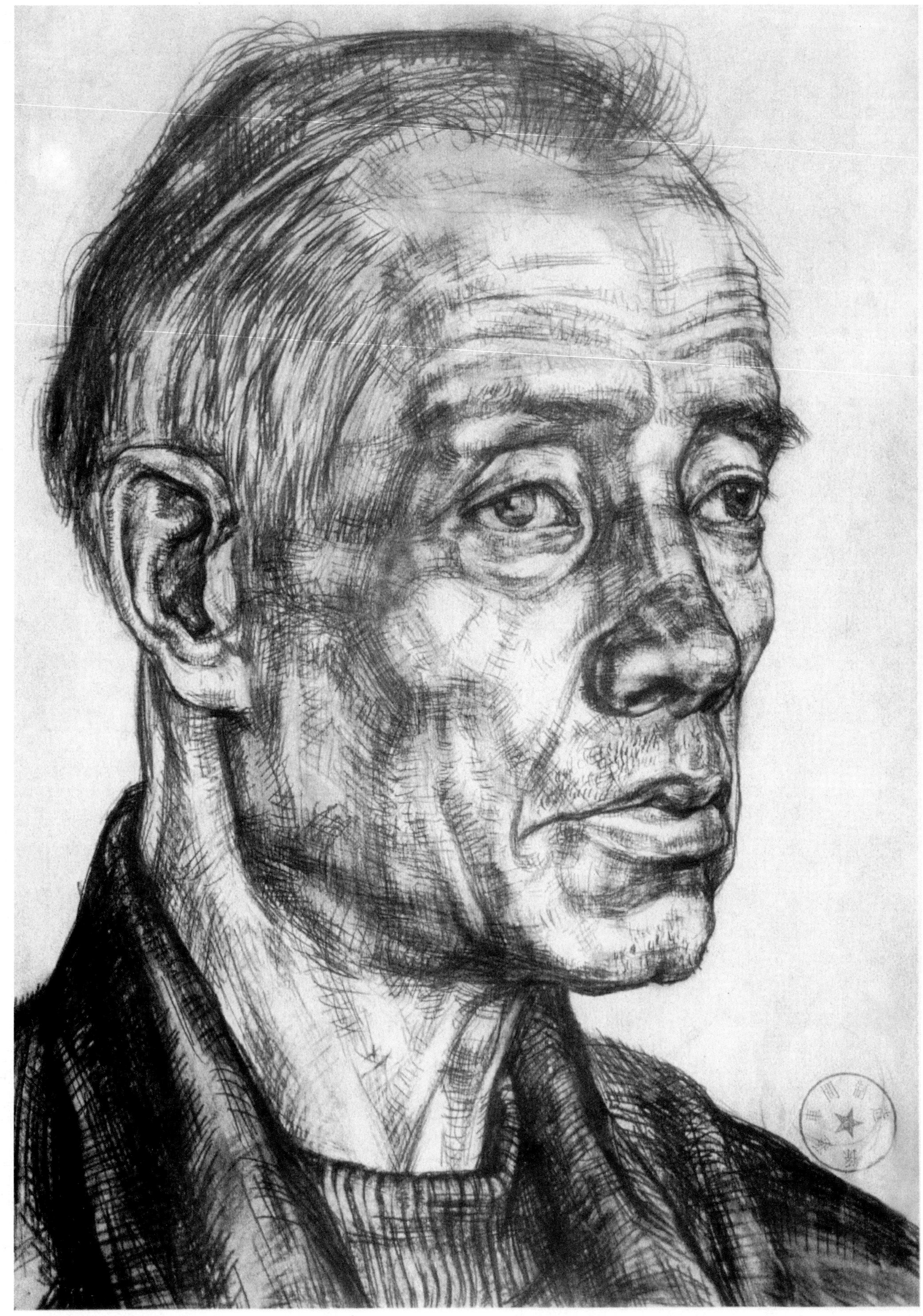

中国美术学院　孙　逊

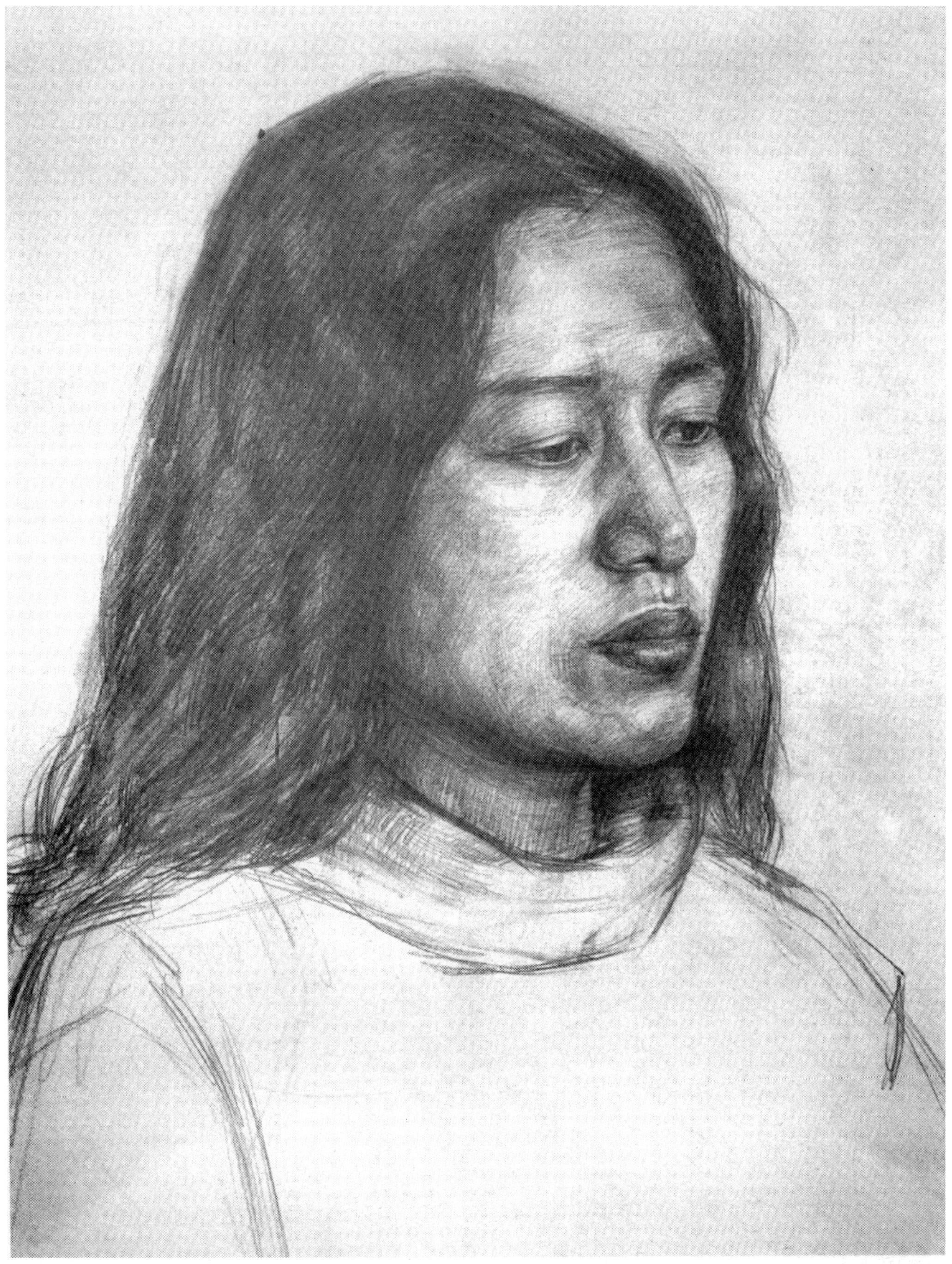

中国美术学院　王唯珺

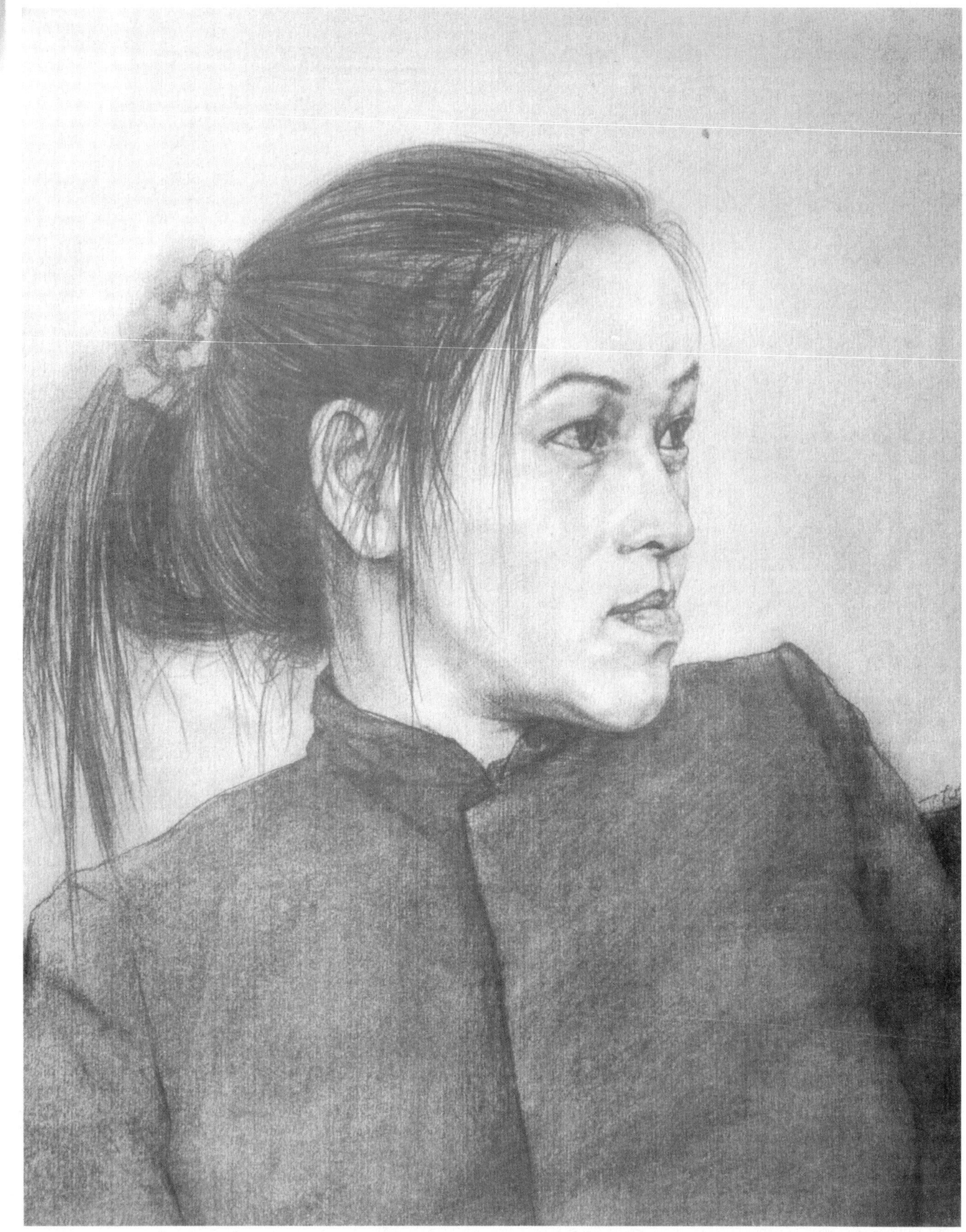

中国美术学院　曹晓阳

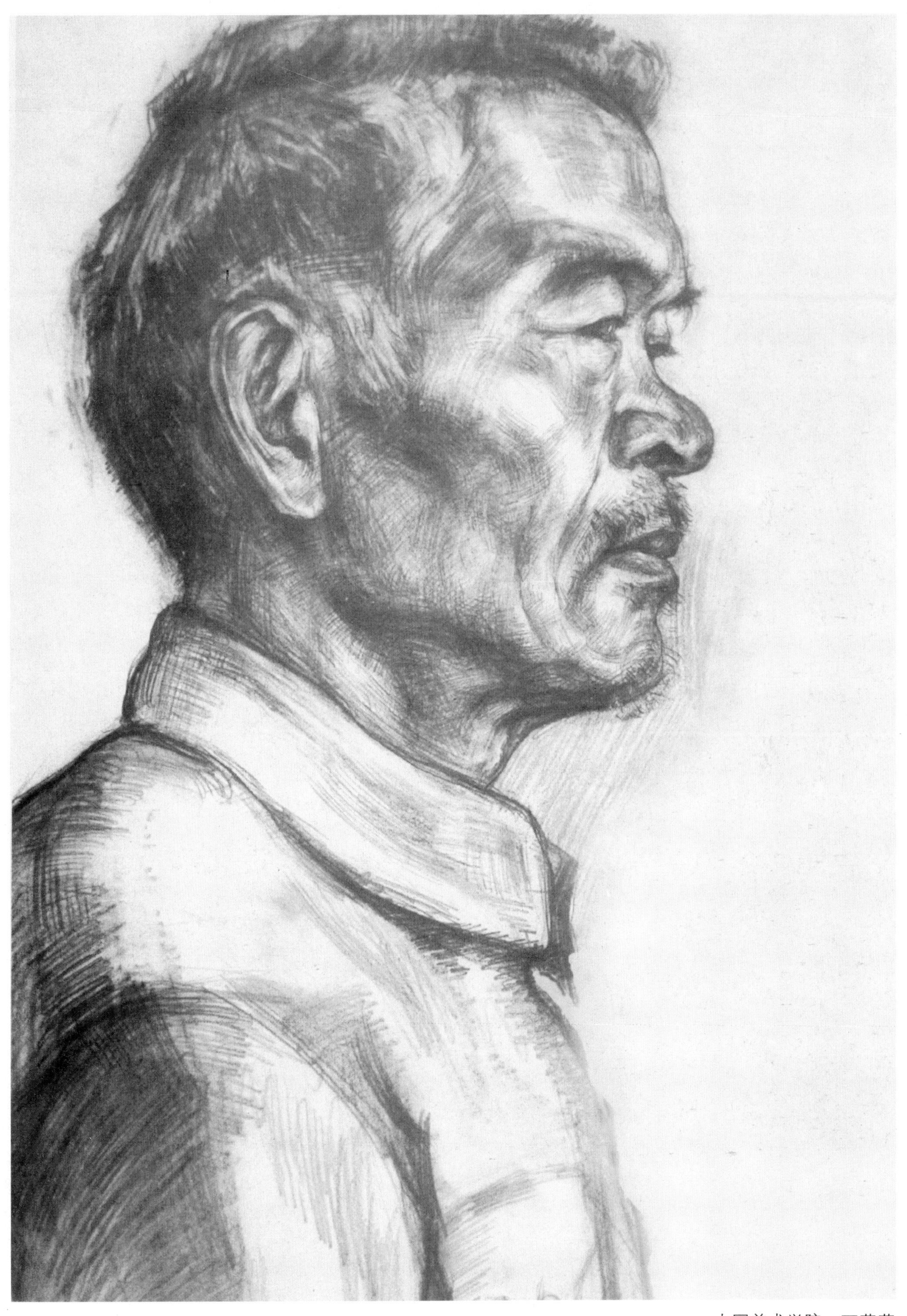

中国美术学院　丁燕燕

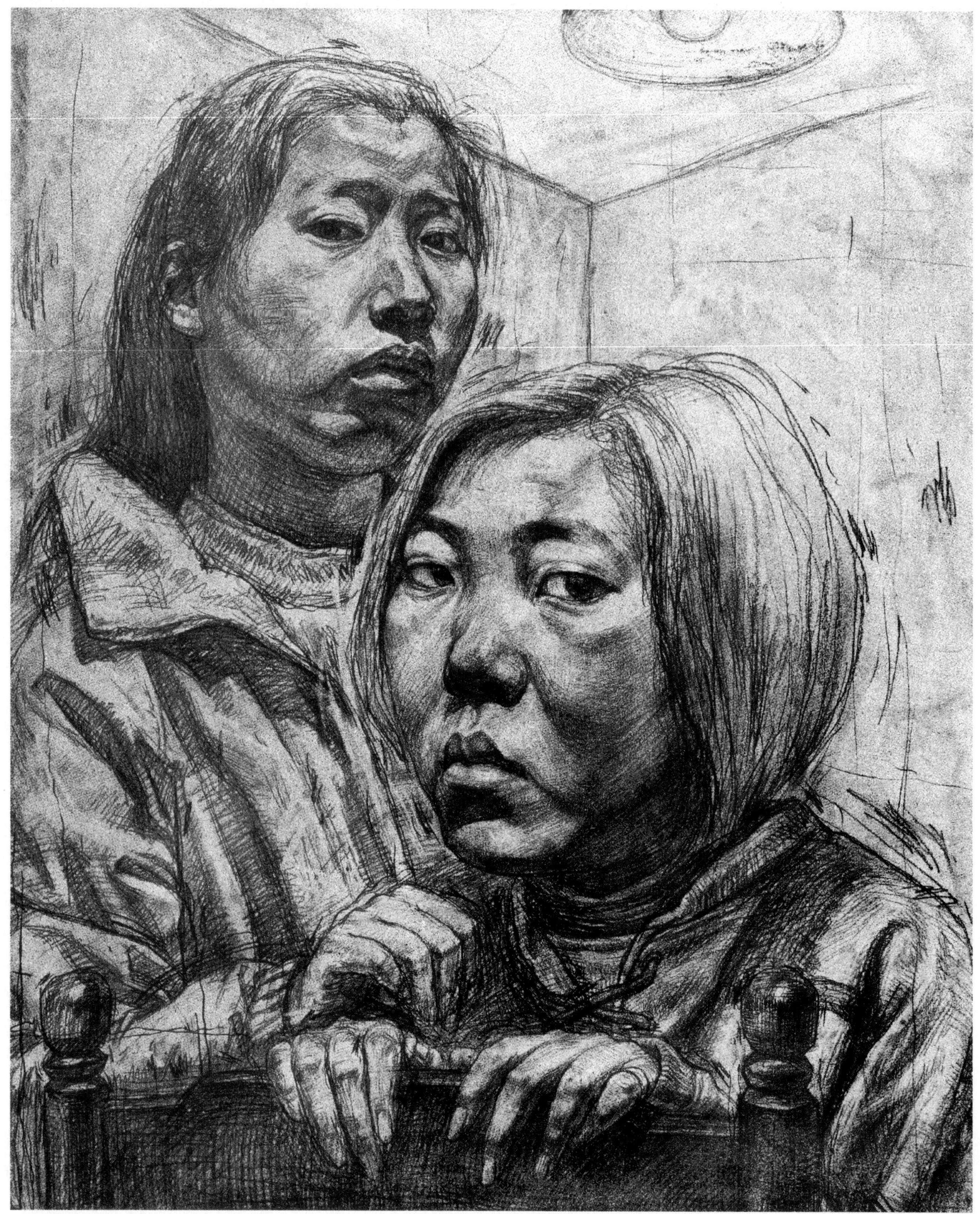

中国美术学院　韩　冰

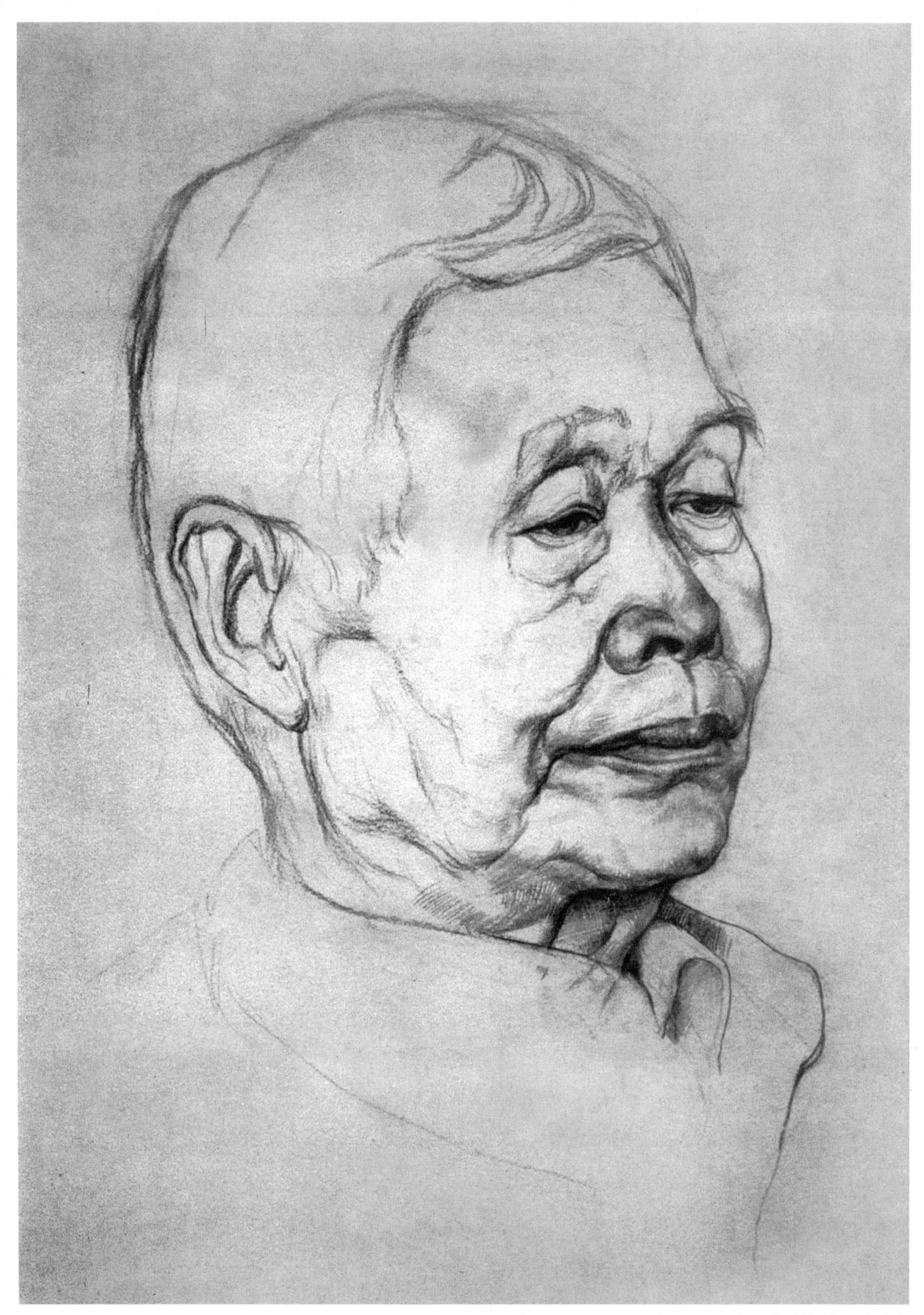

中国美术学院　朱铉安

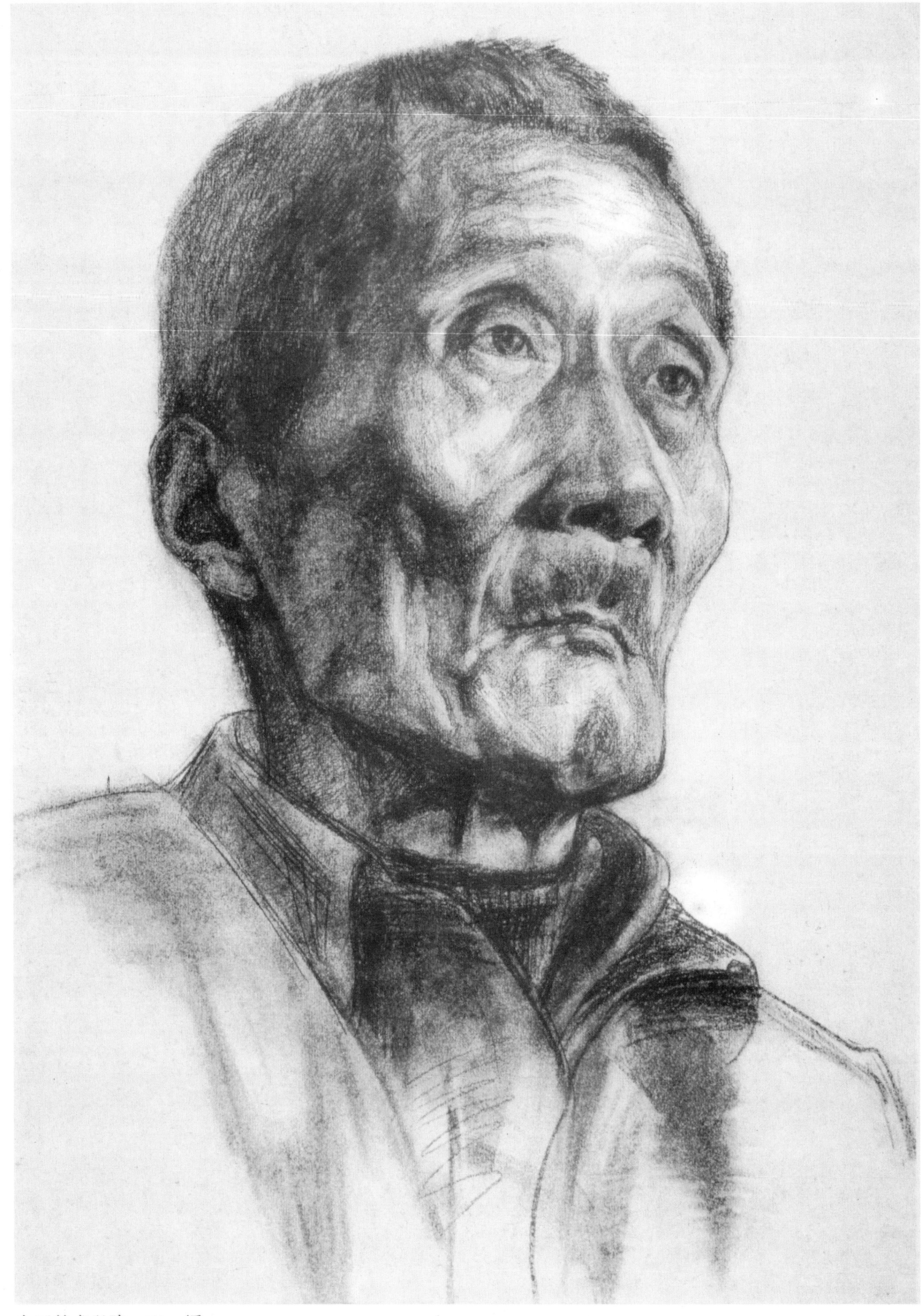

中国美术学院　王　媛

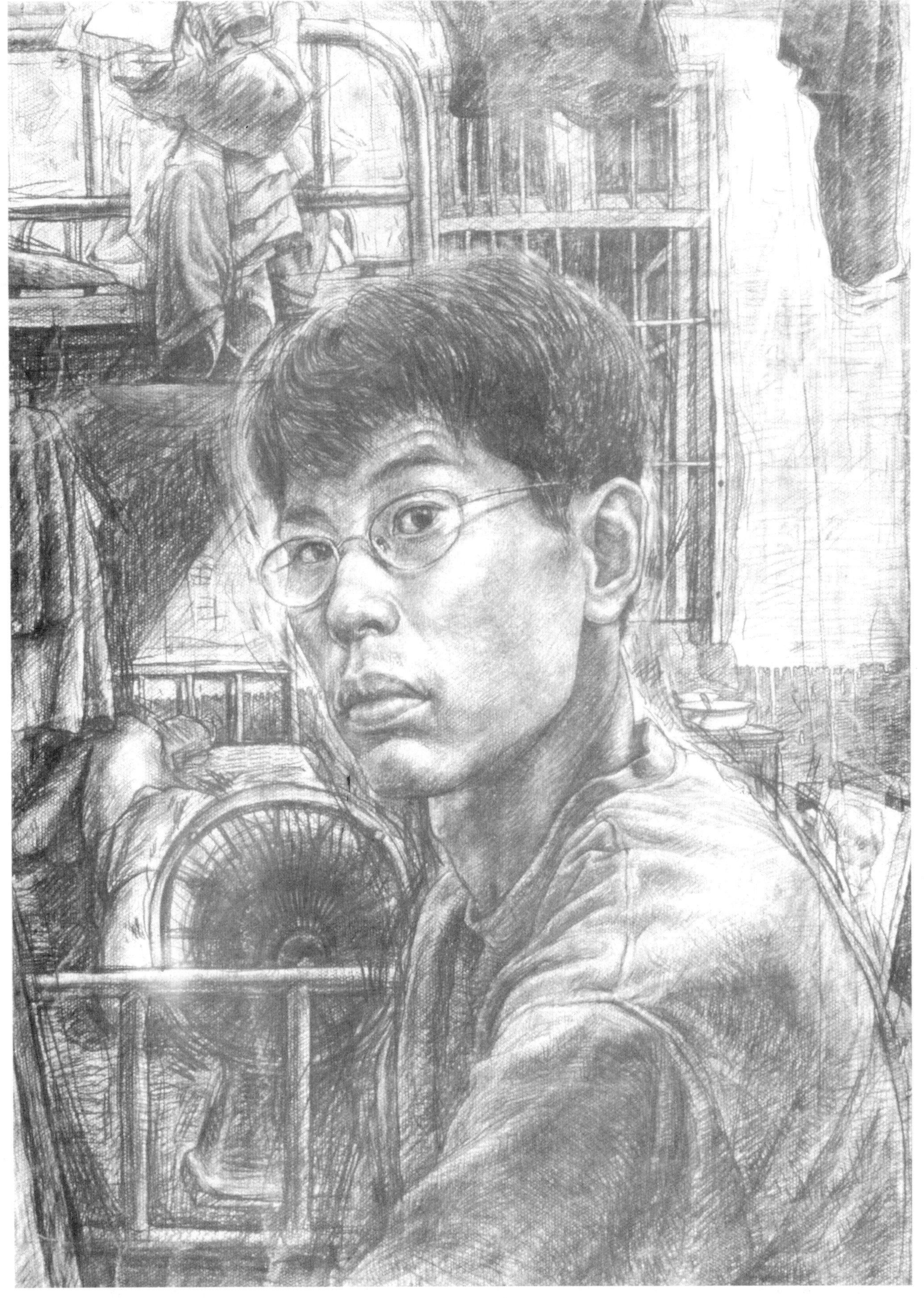

中国美术学院　韩　冰

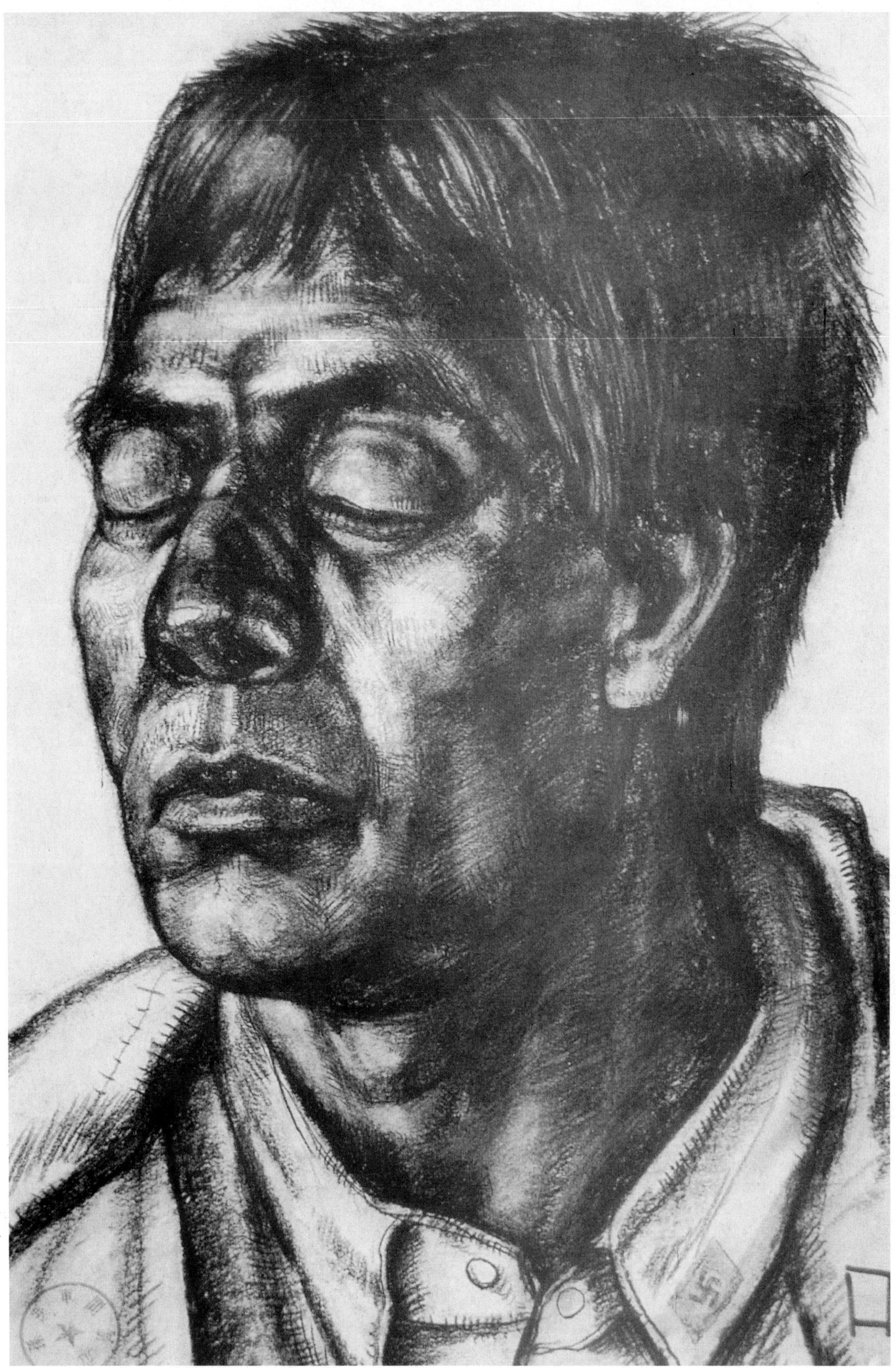

中国美术学院　孙　逊

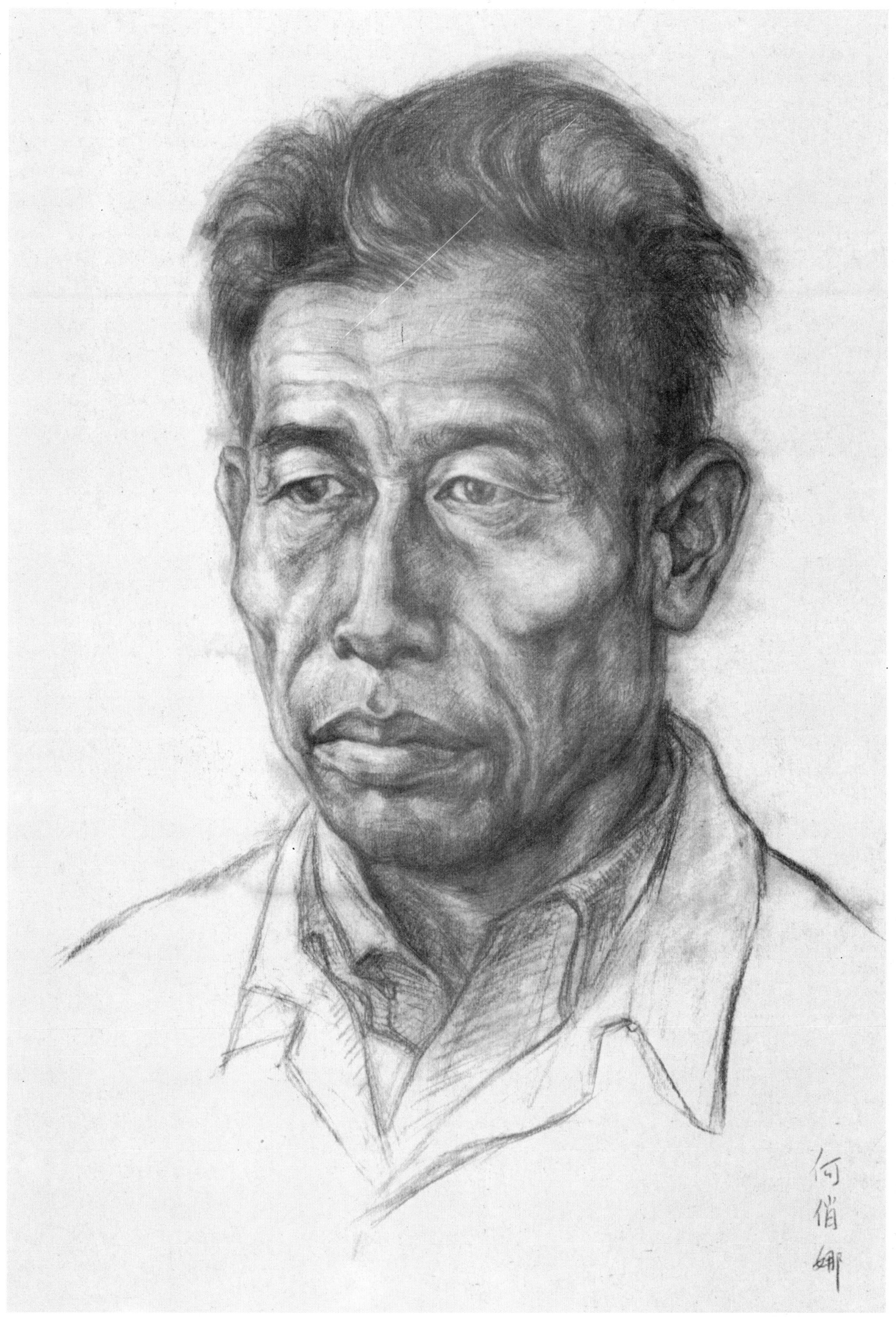

中国美术学院　何俏娜

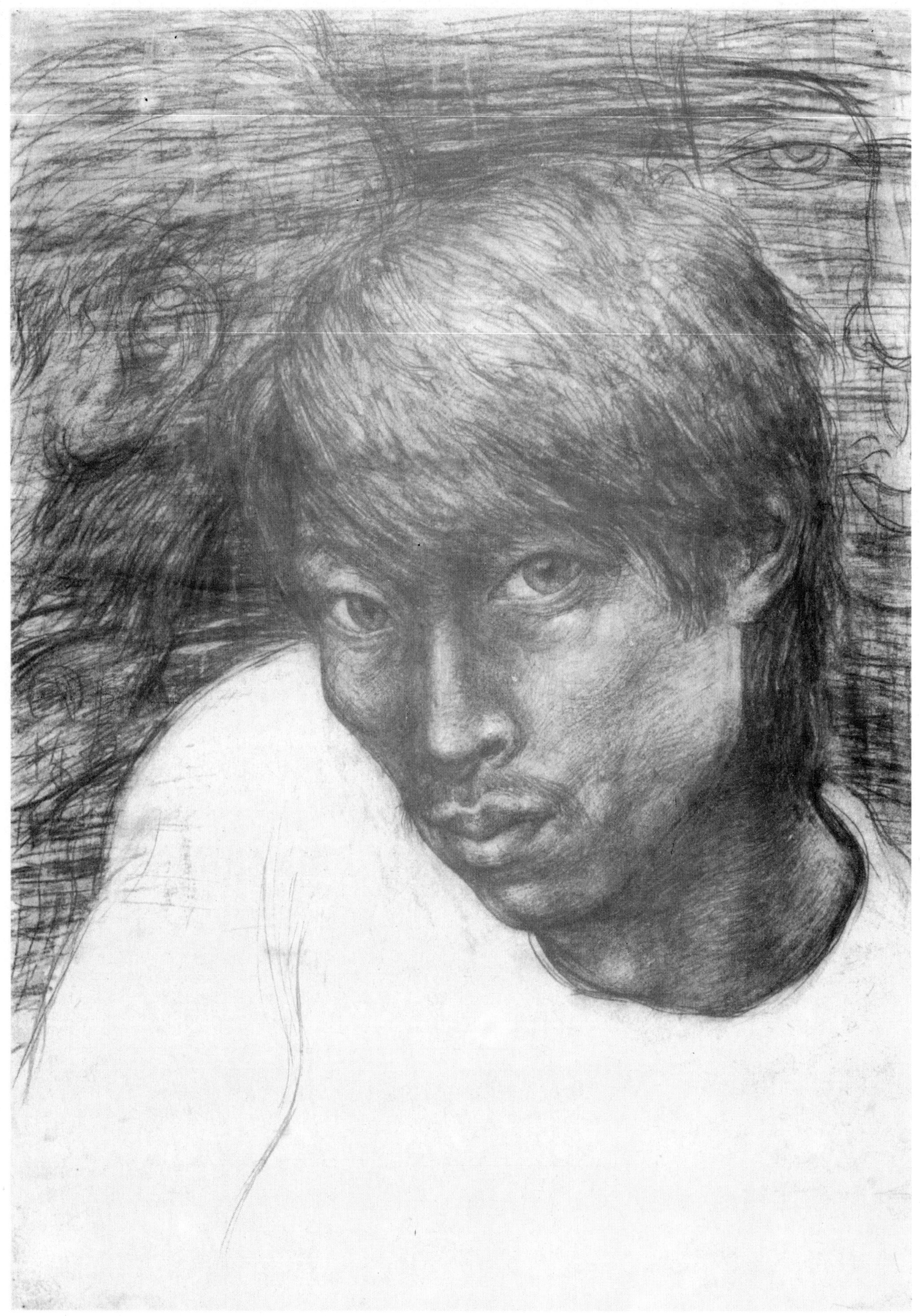

中国美术学院　王国栋

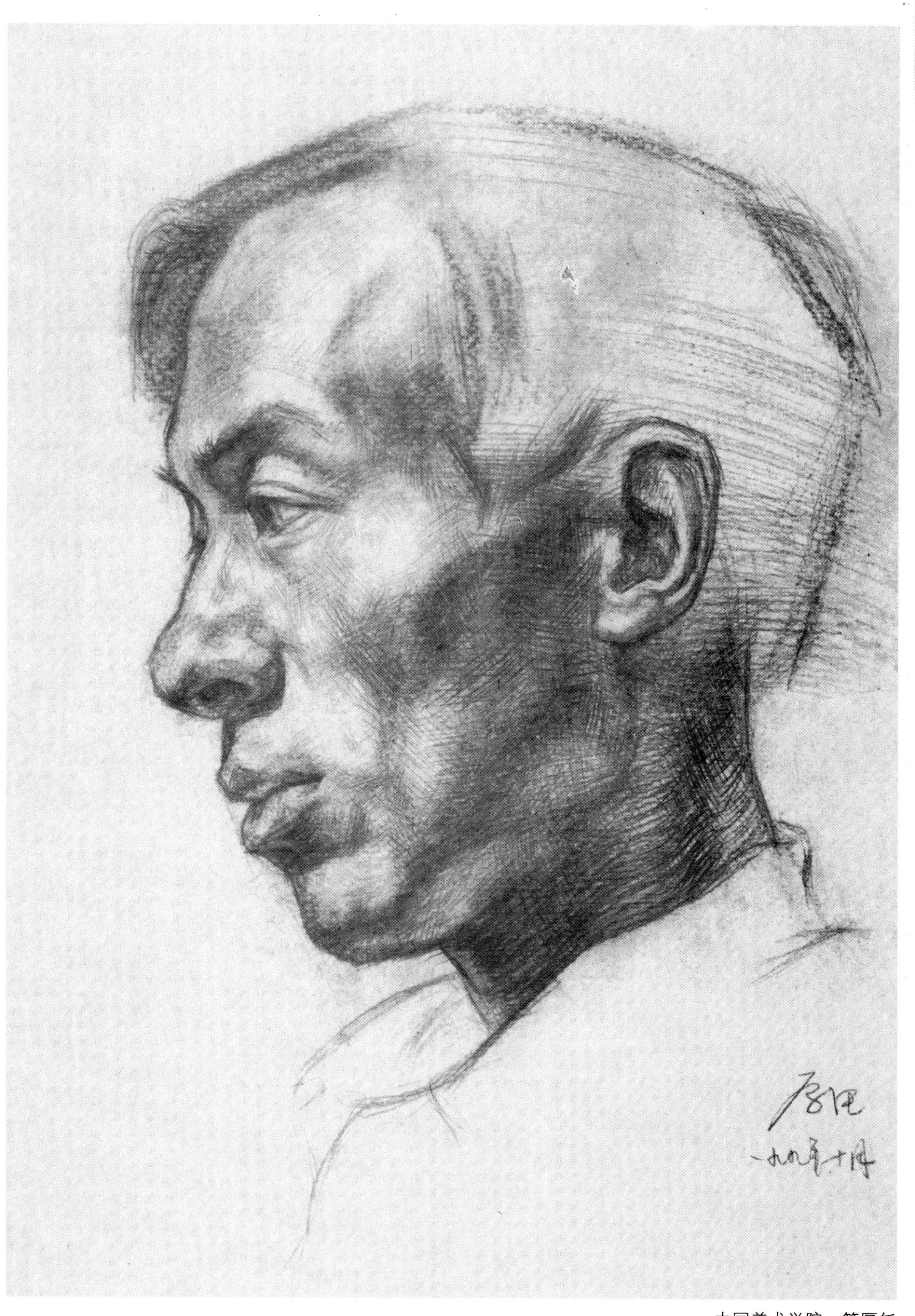

中国美术学院　管厚任

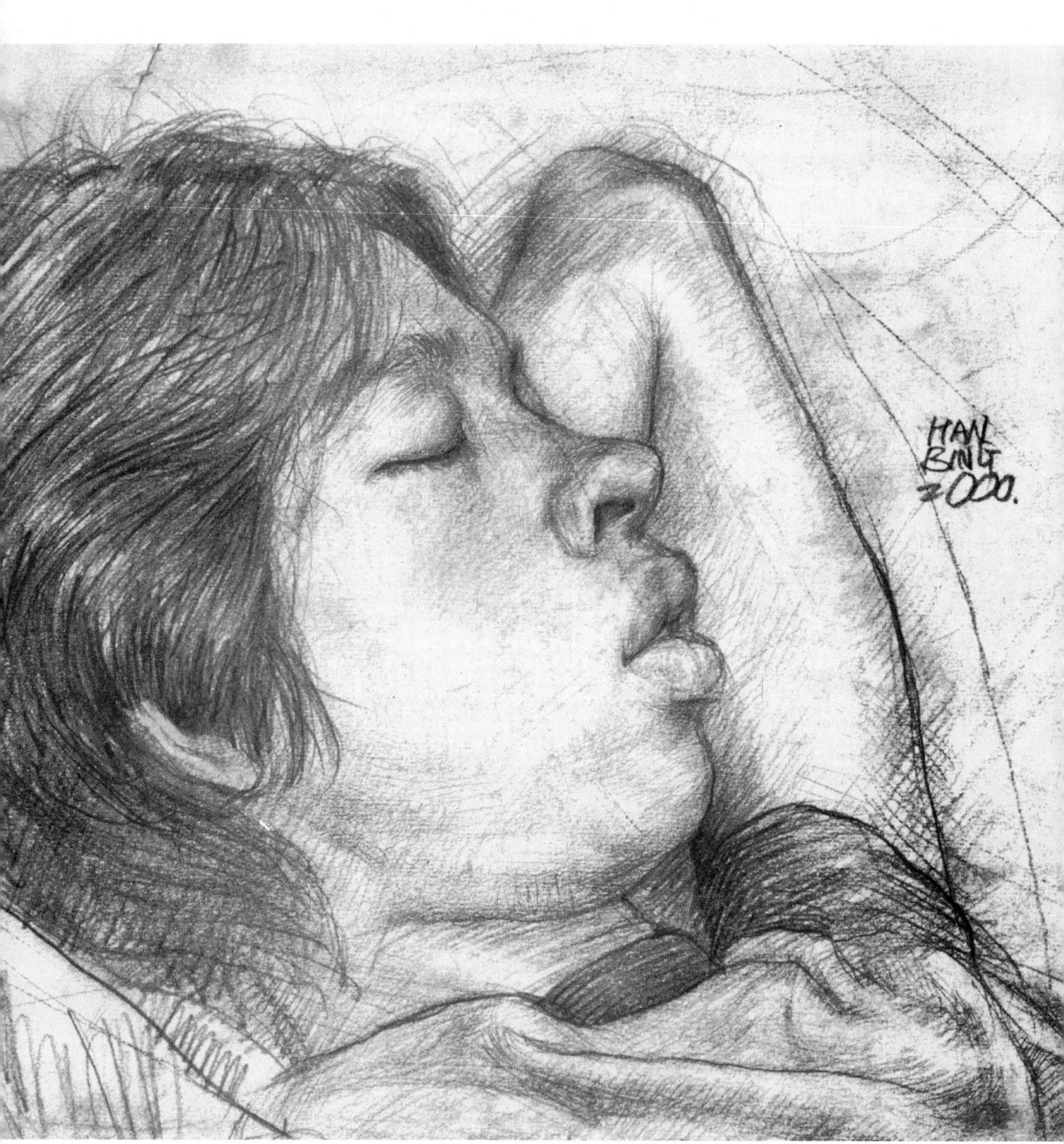

中国美术学院　韩　冰

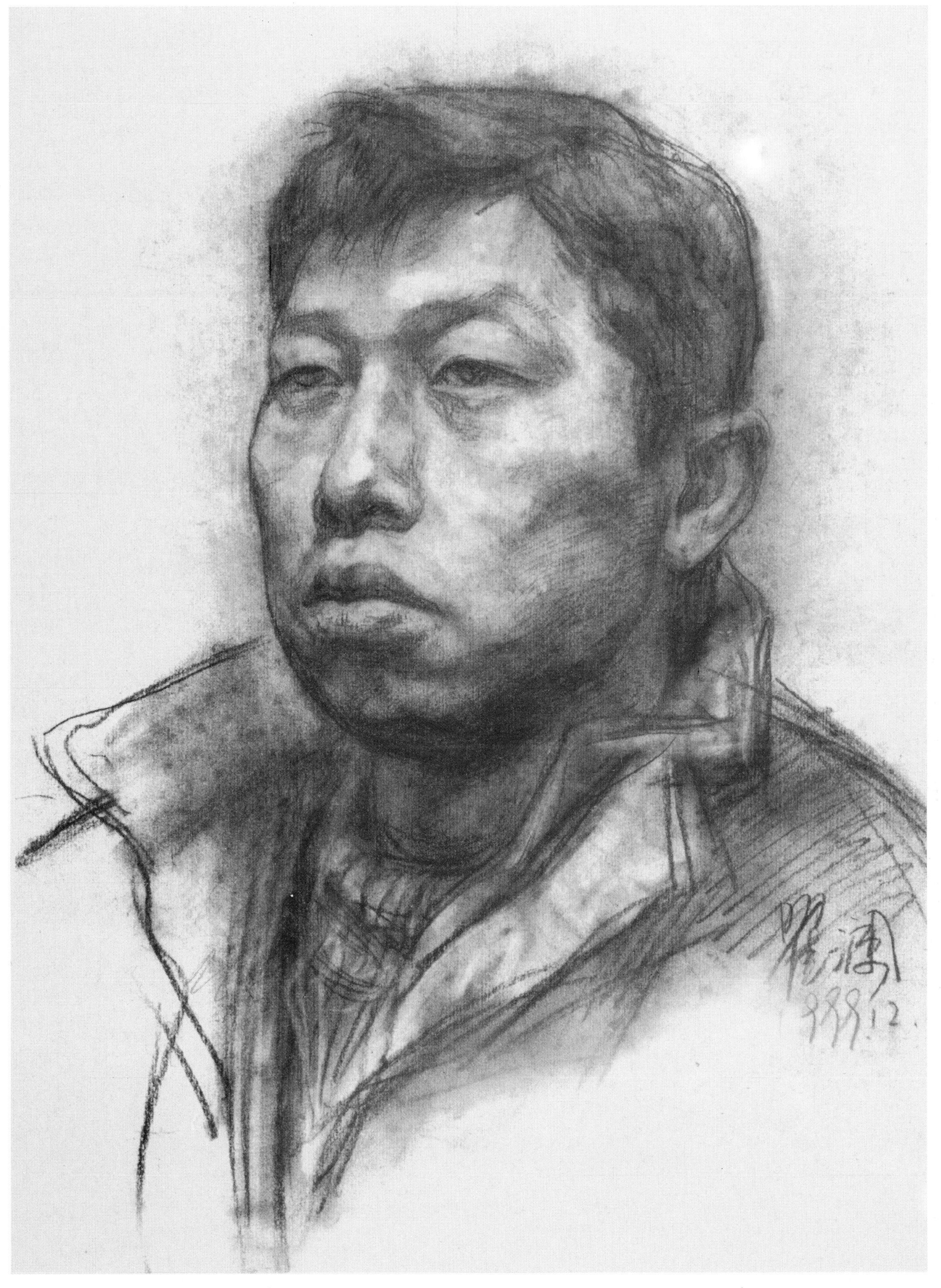

中国美术学院　瞿　澜

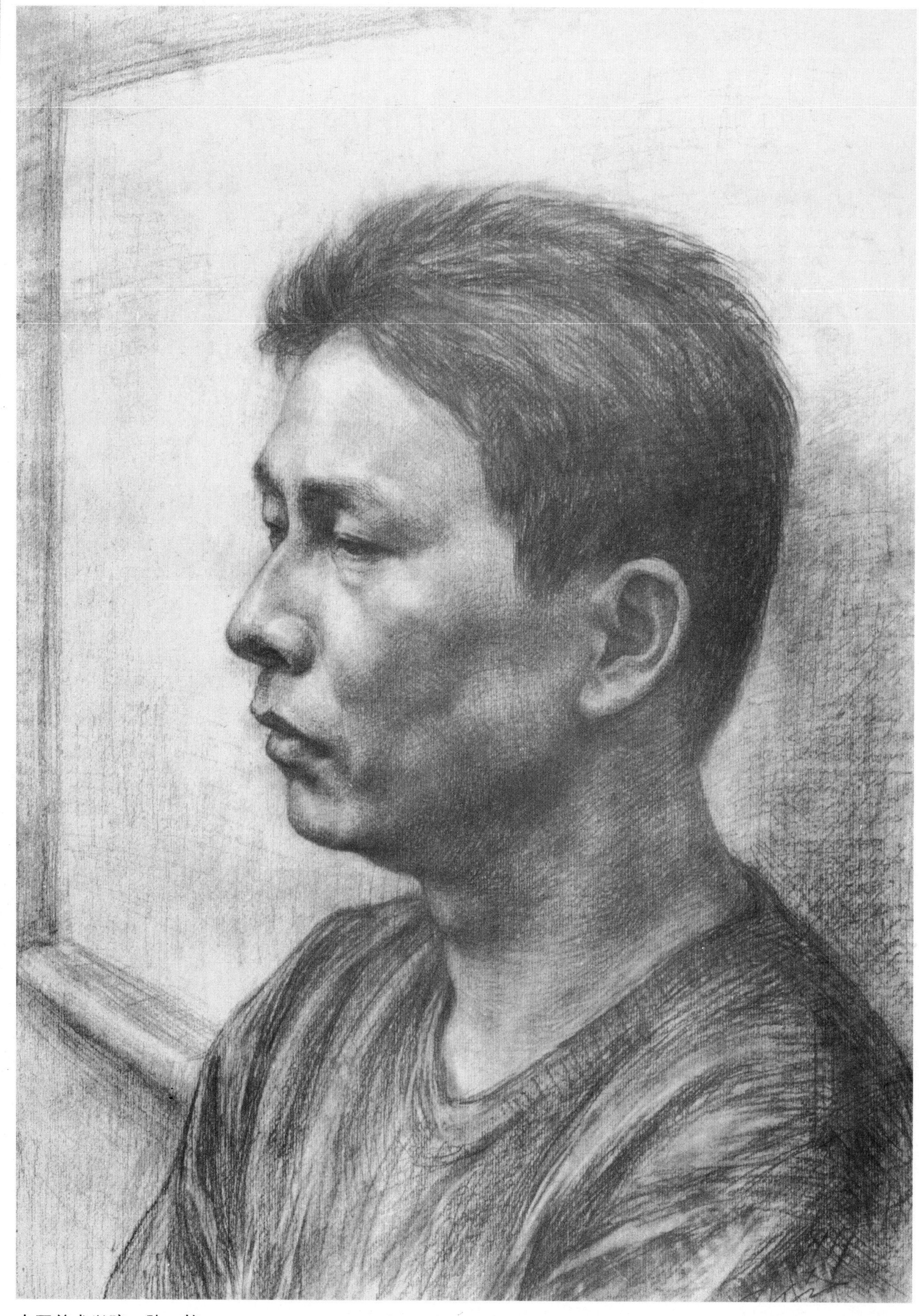

中国美术学院　陈　杭

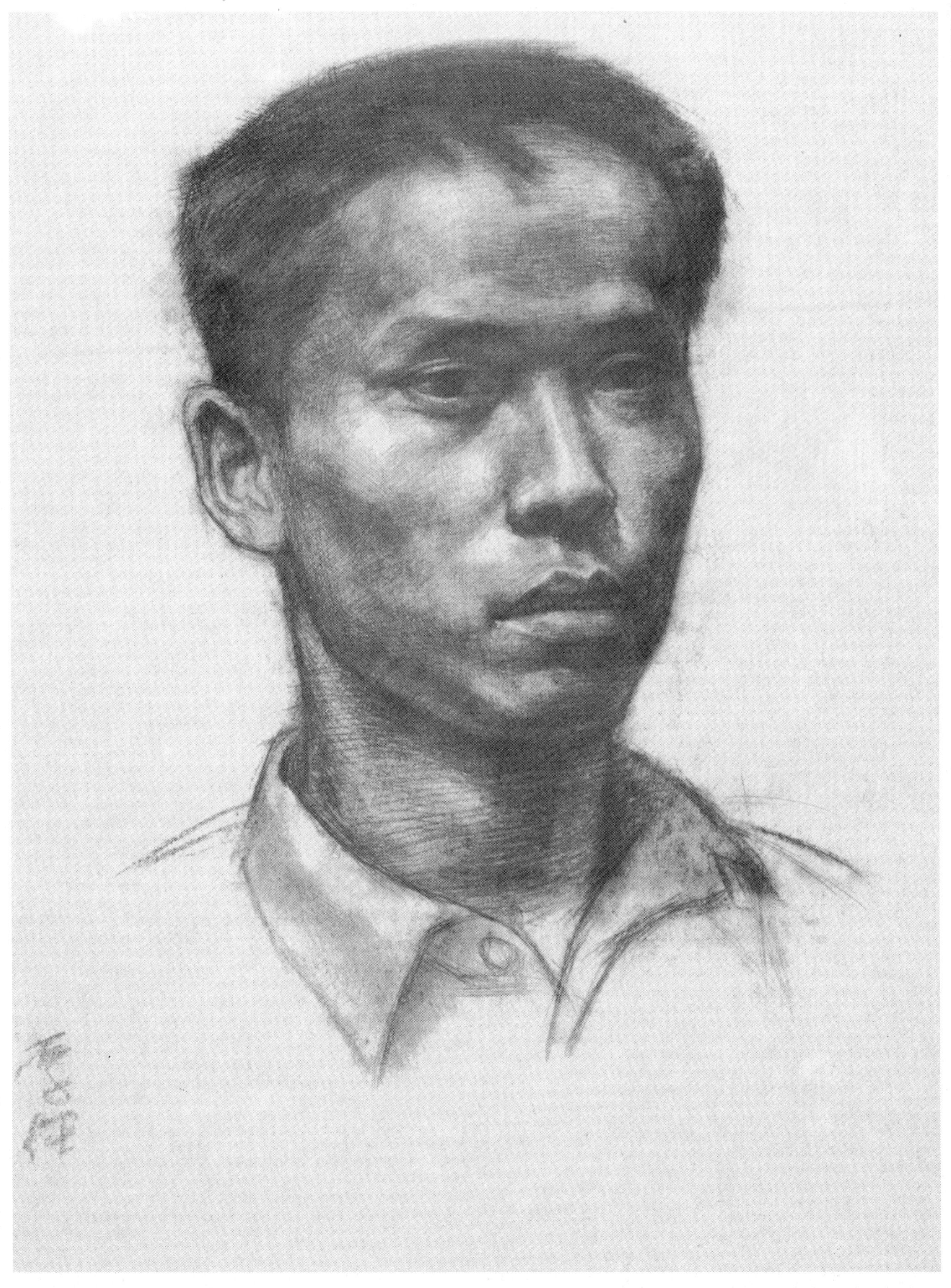

中国美术学院　管厚任

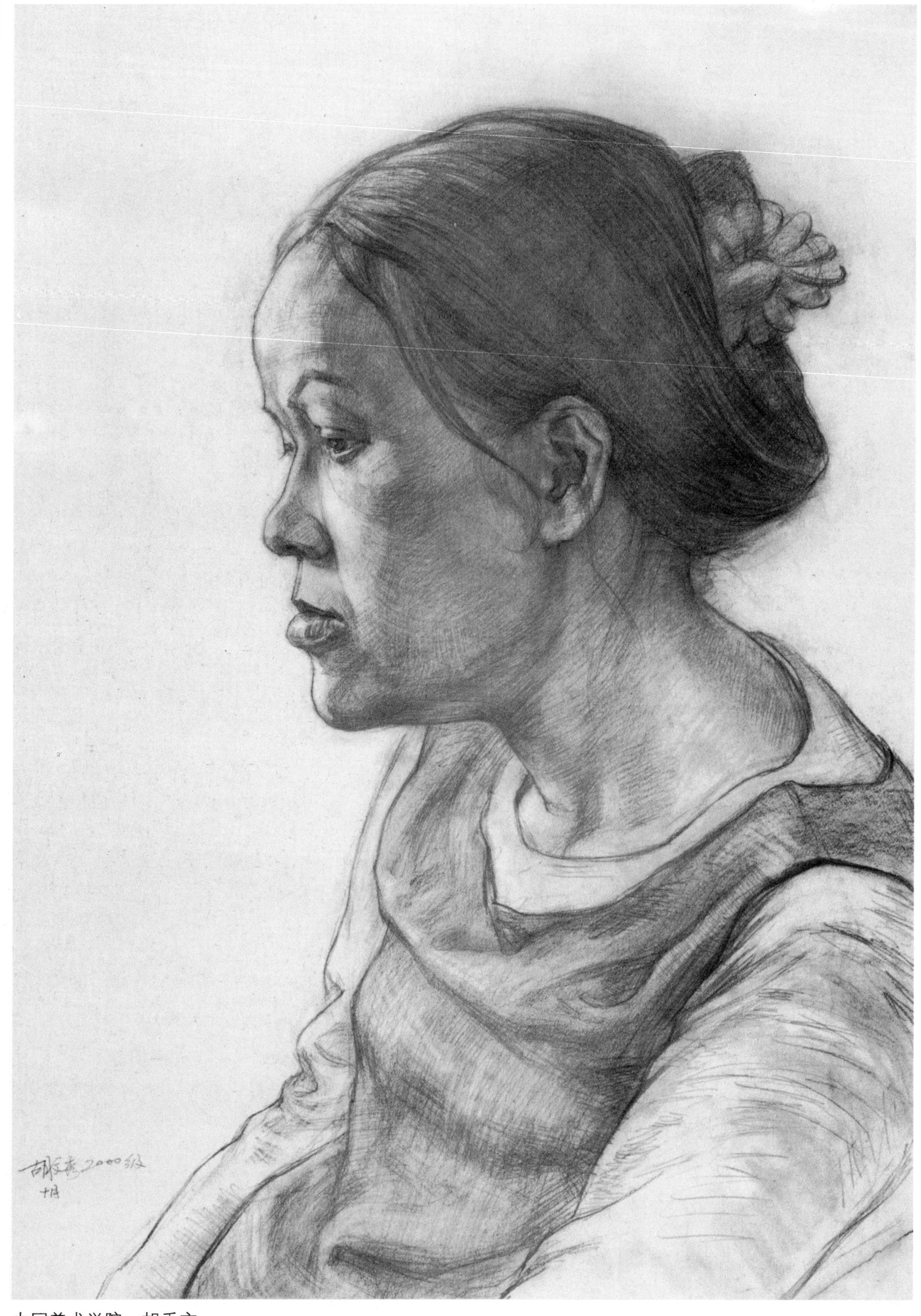

中国美术学院　胡秀文

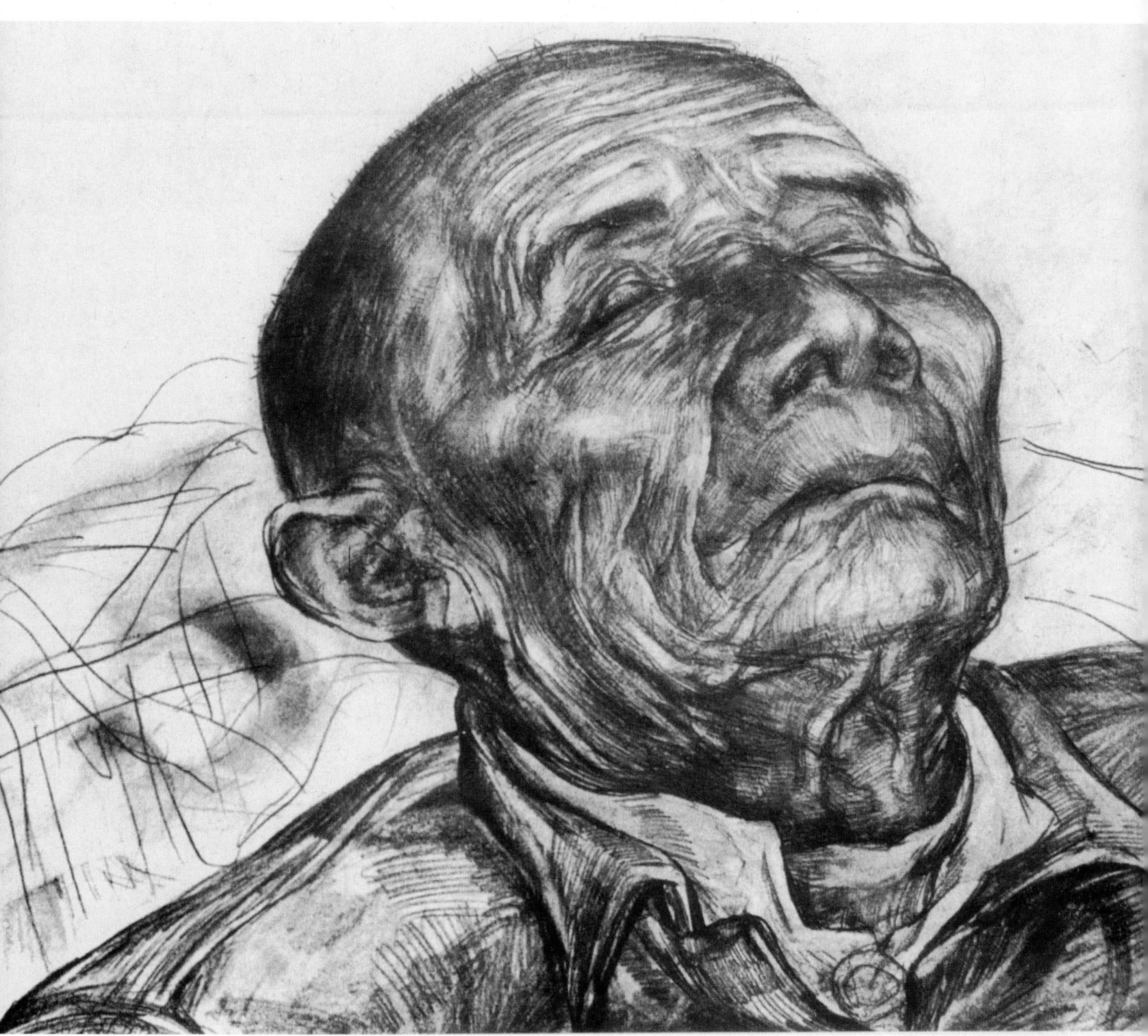

中国美术学院　宋剑飞

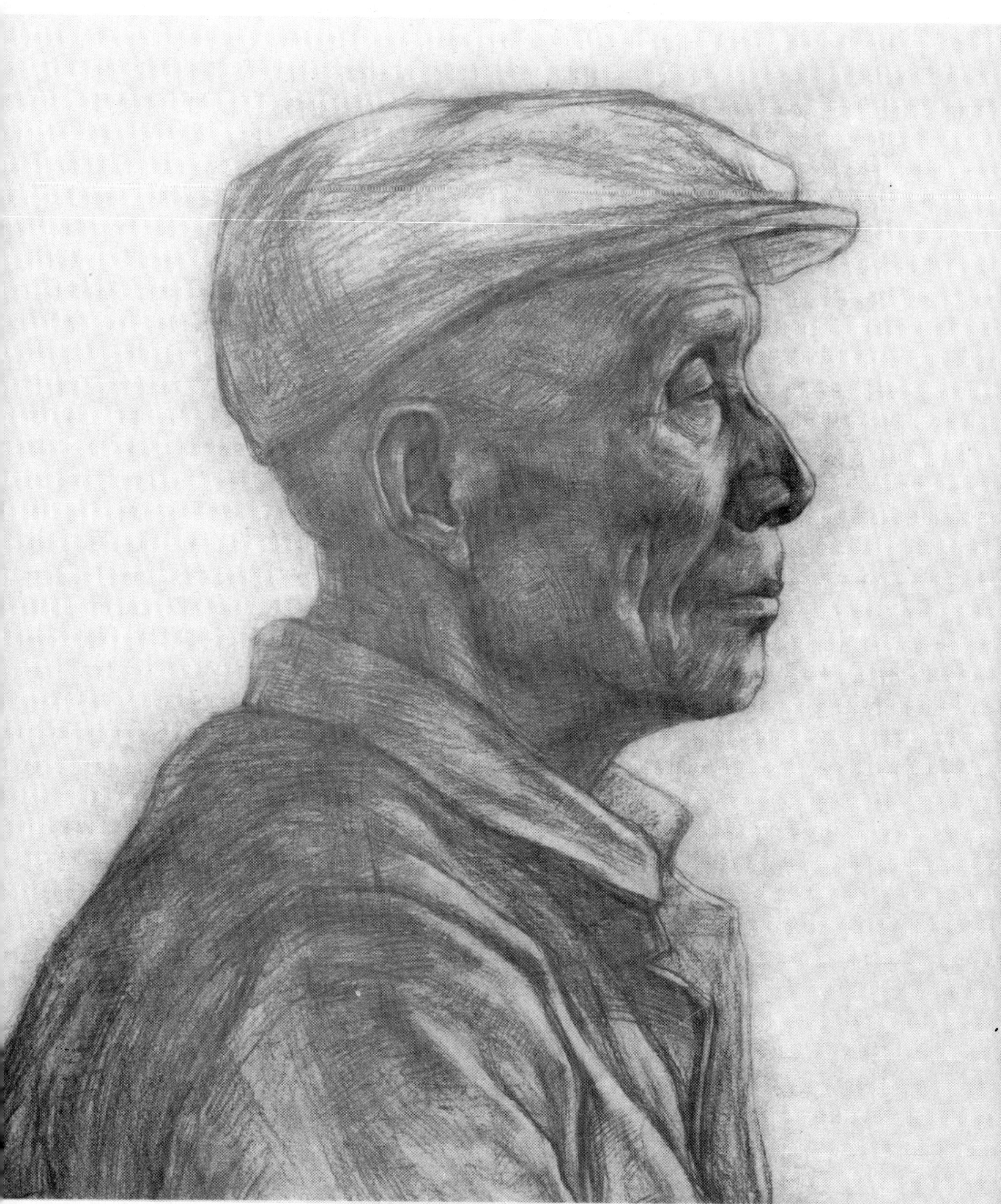

中国美术学院　李　峰

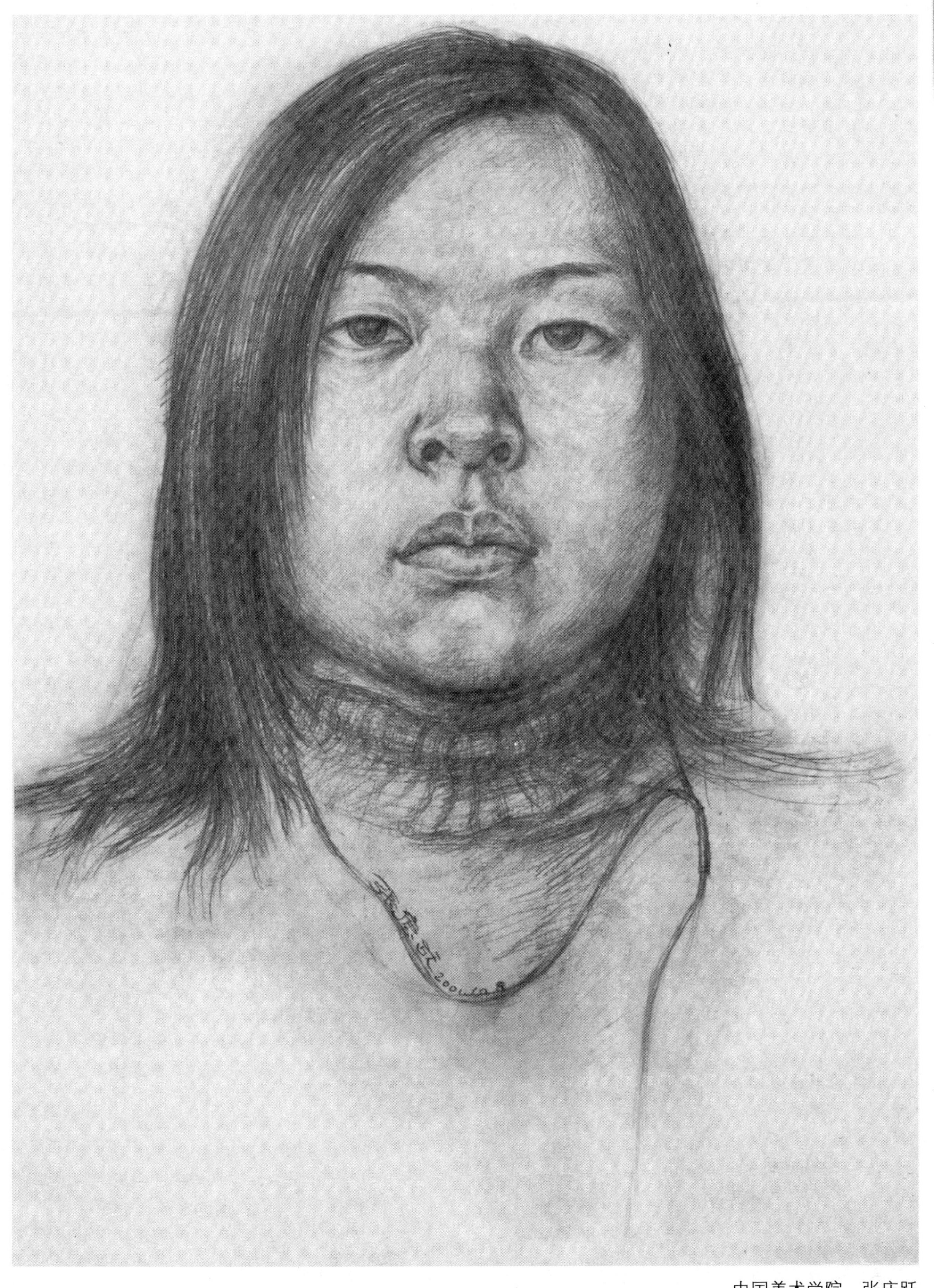

中国美术学院　张庆跃

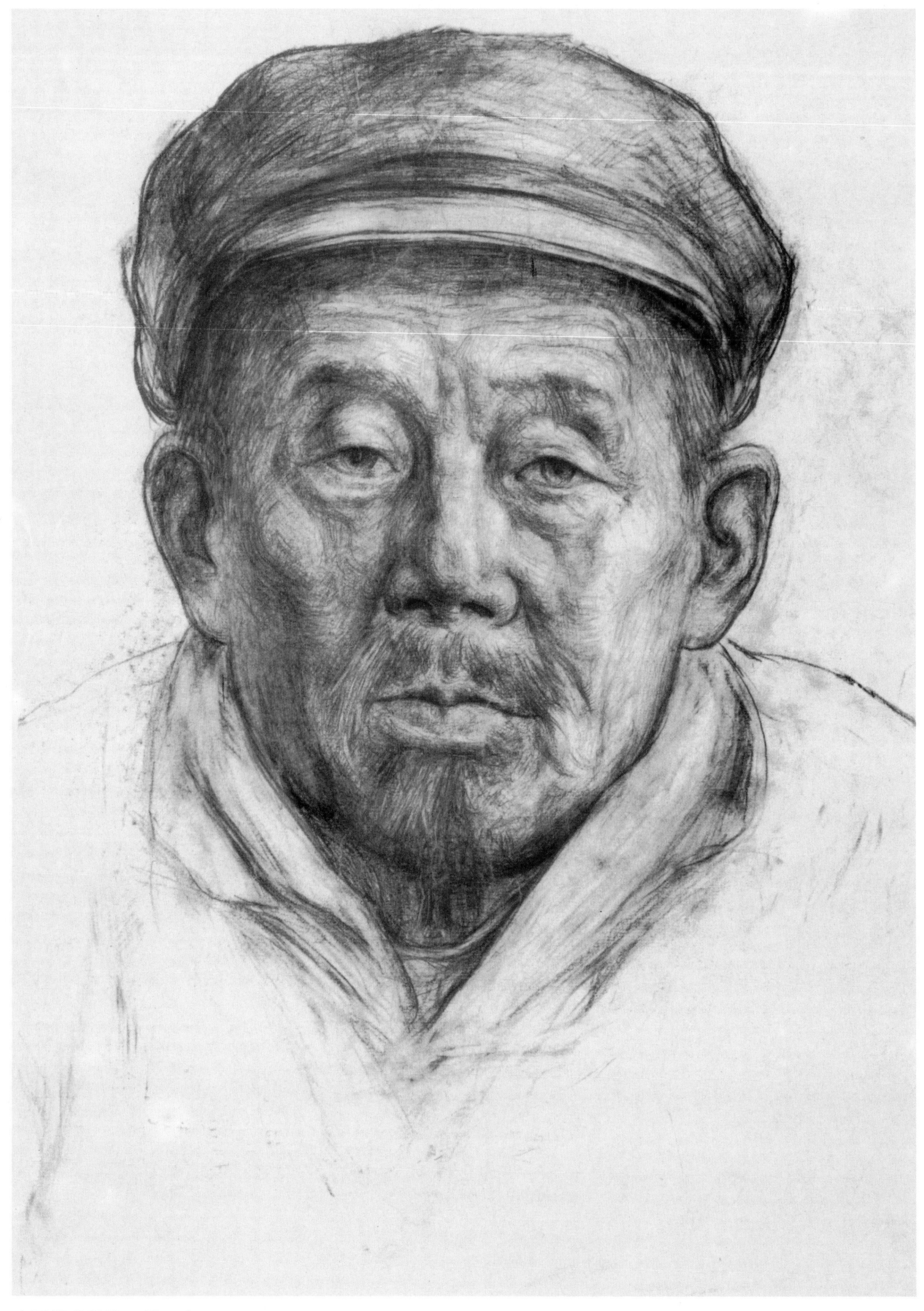

中国美术学院　佚　名

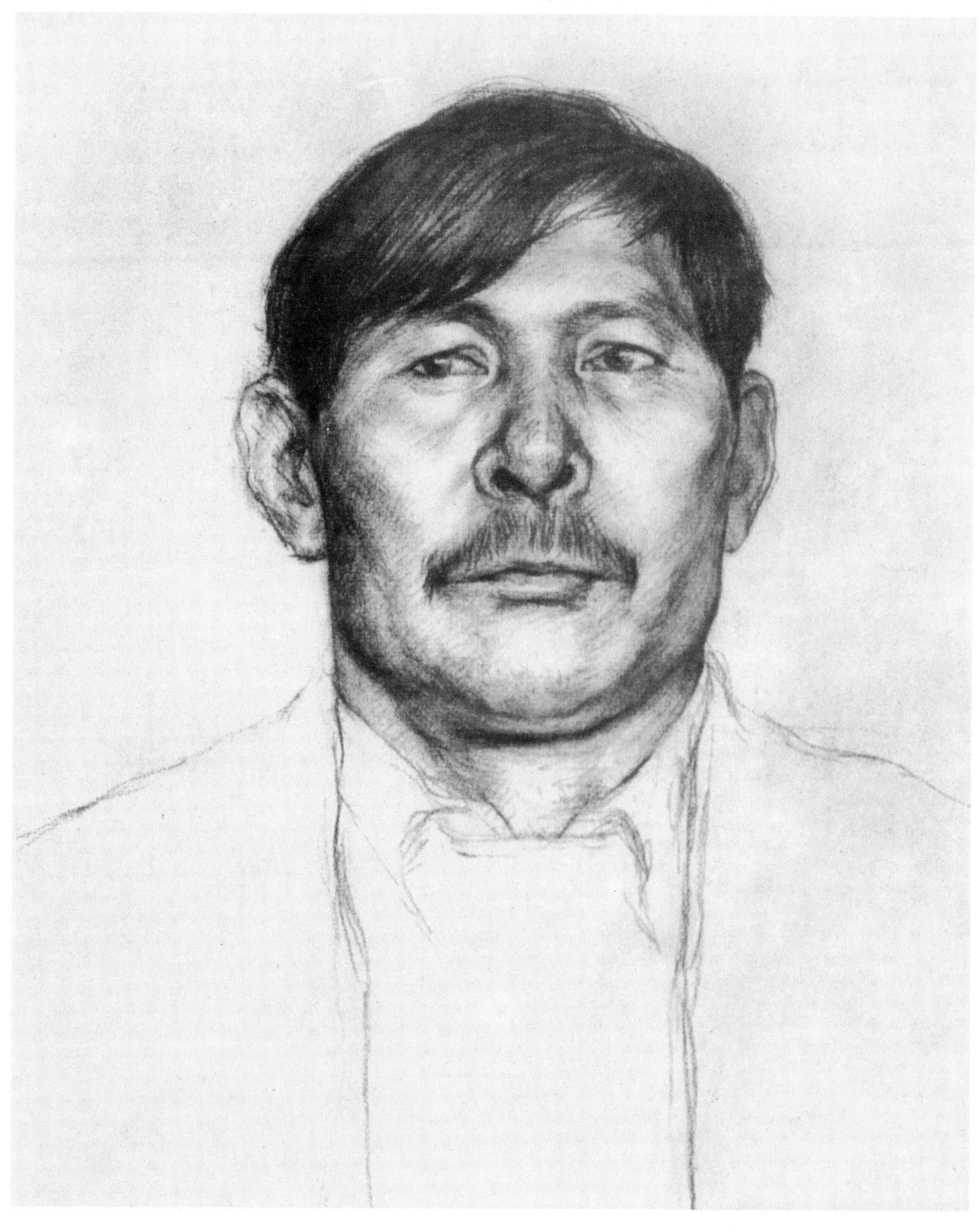

中国美术学院　高　诚

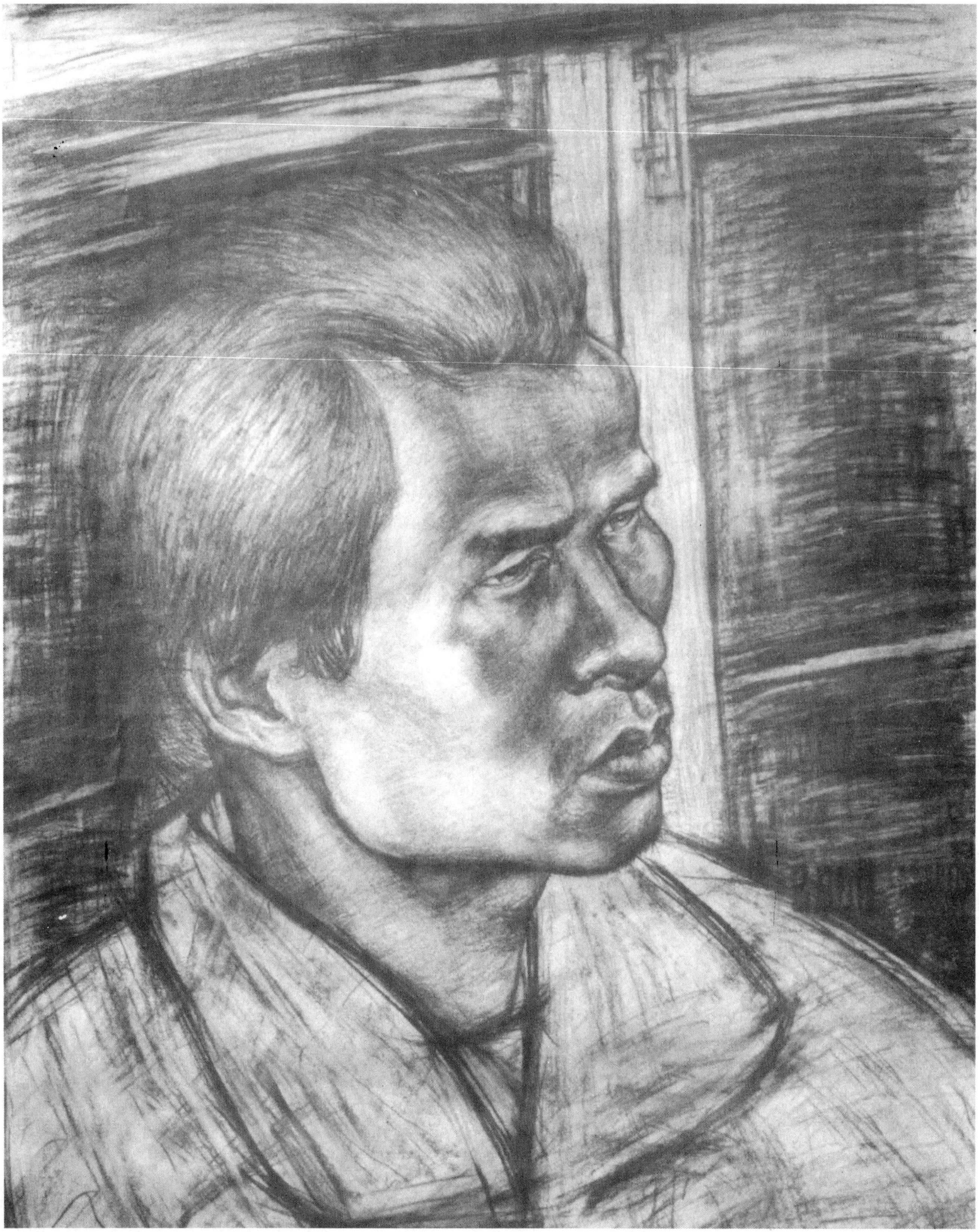

中国美术学院　佚　名

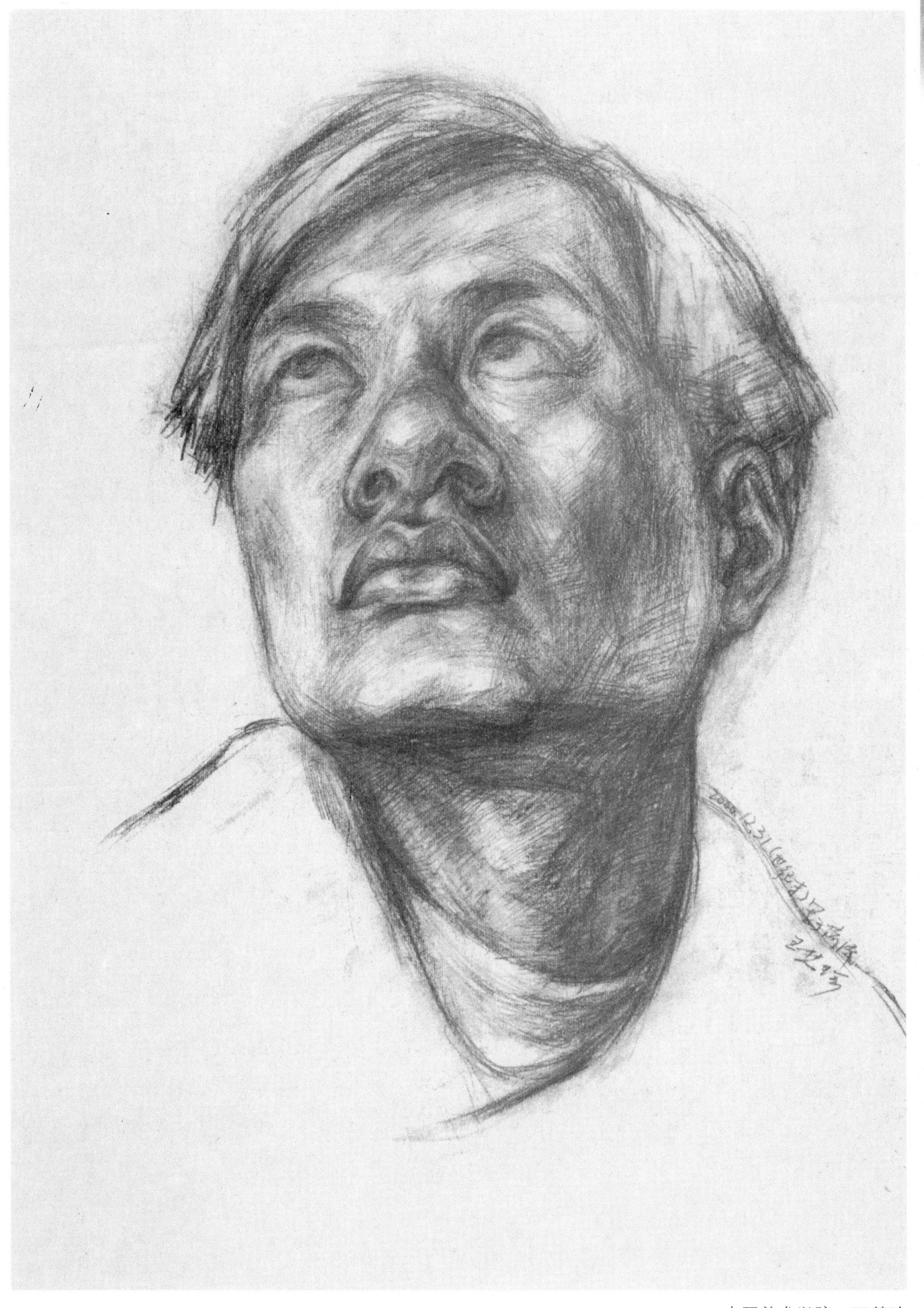

中国美术学院　王慧珍

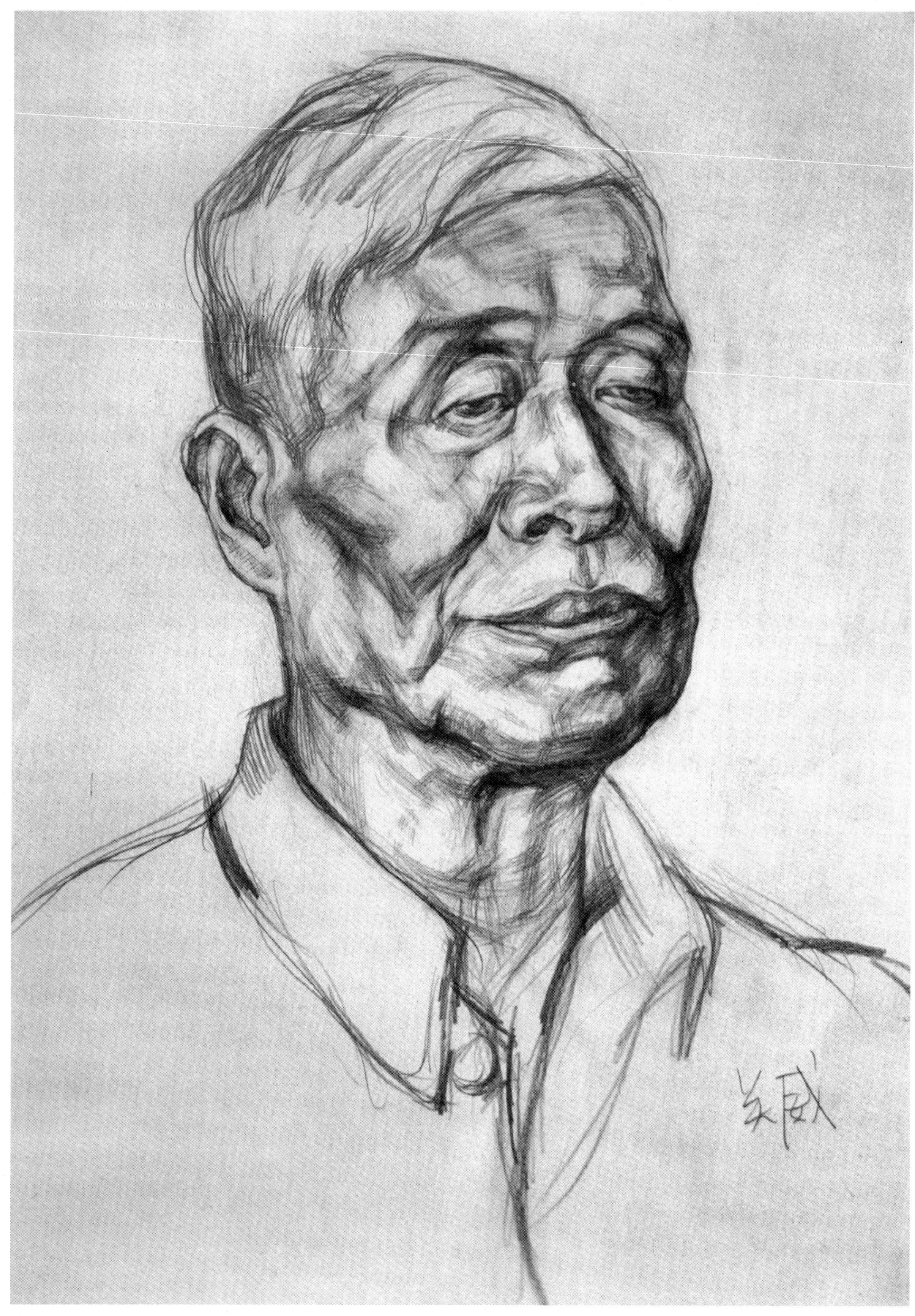

中国美术学院　关　威

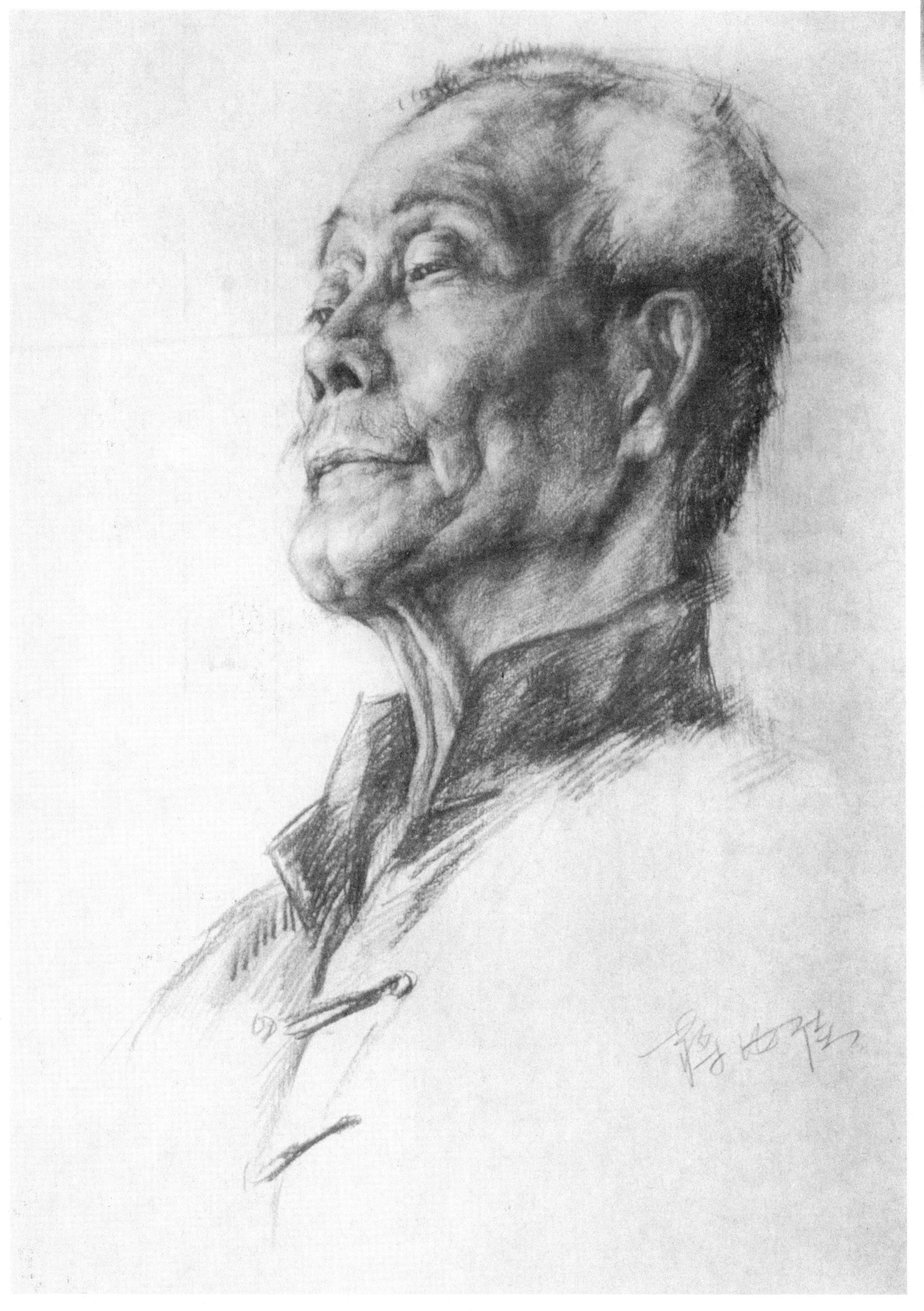

中国美术学院　蒋汝佳

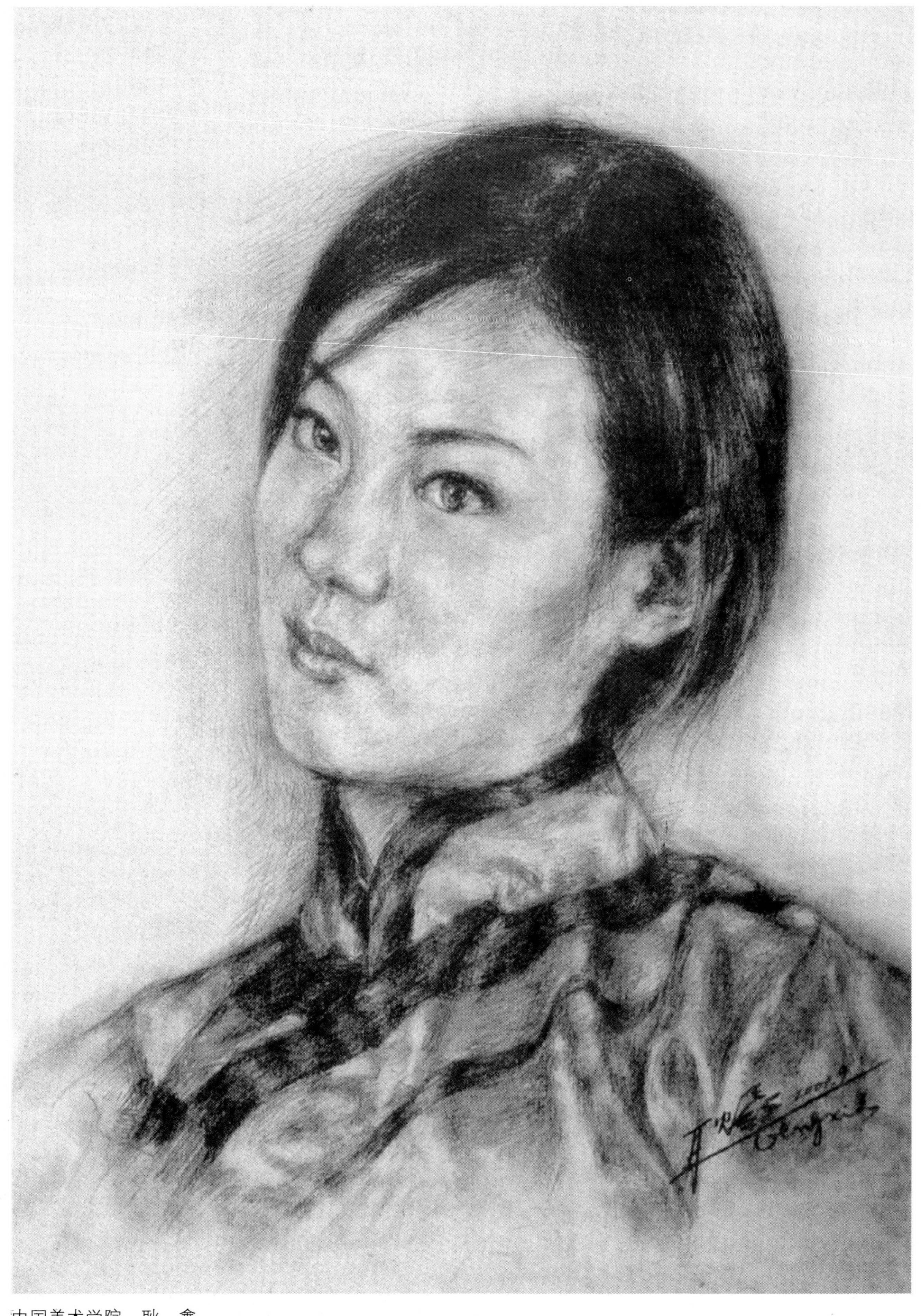

中国美术学院　耿　鑫

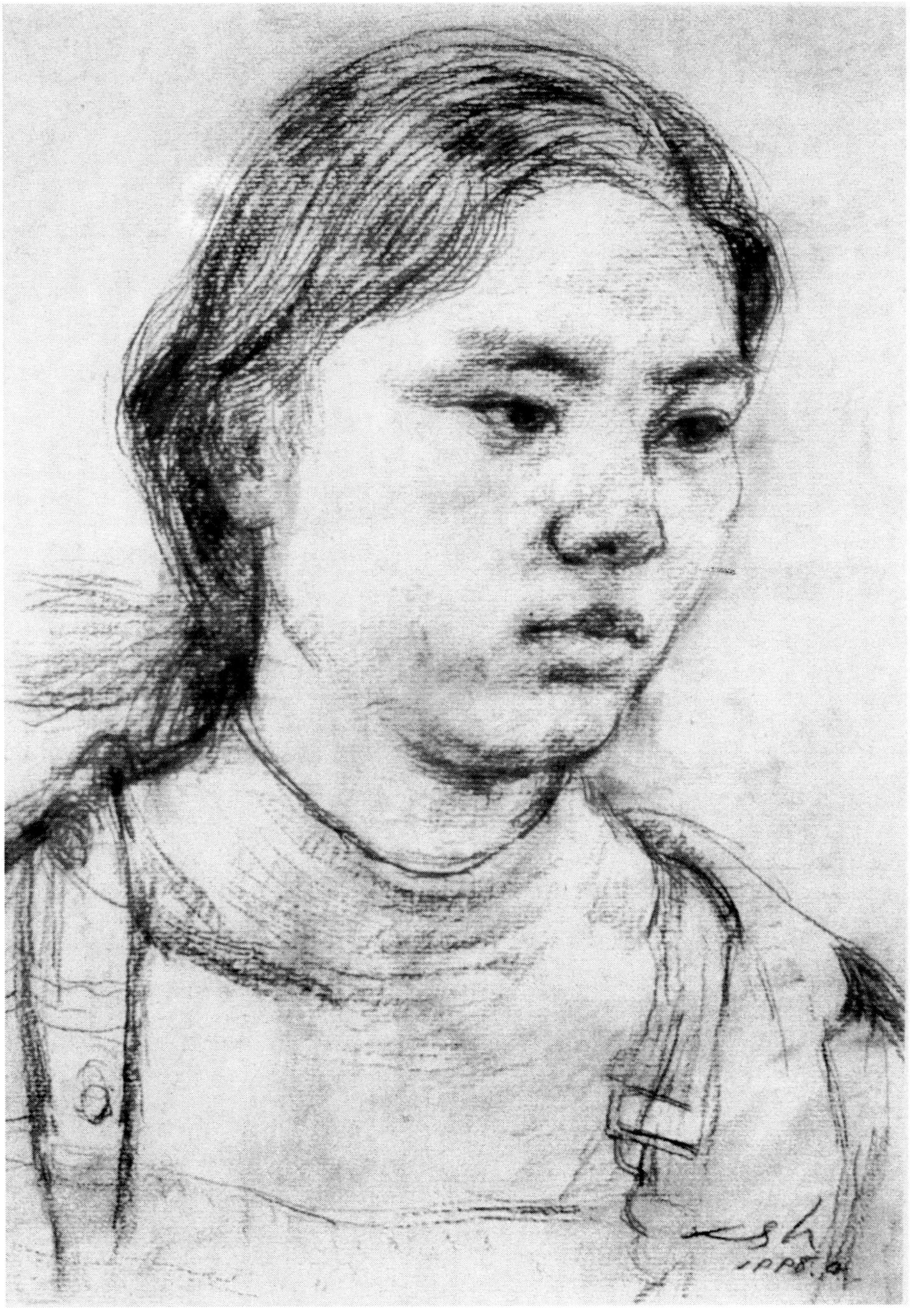

中国美术学院　楼笙华

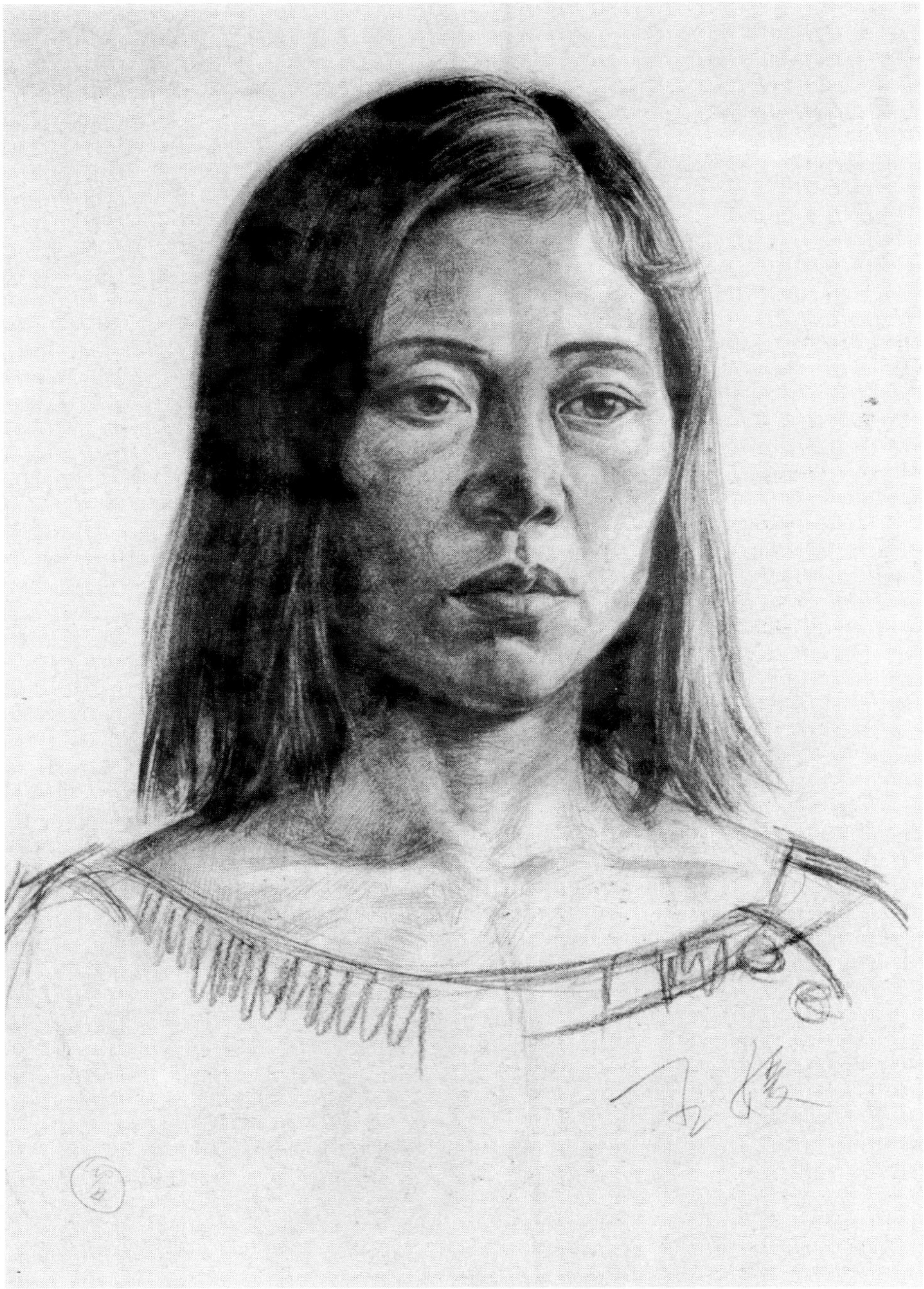

中国美术学院　王　媛

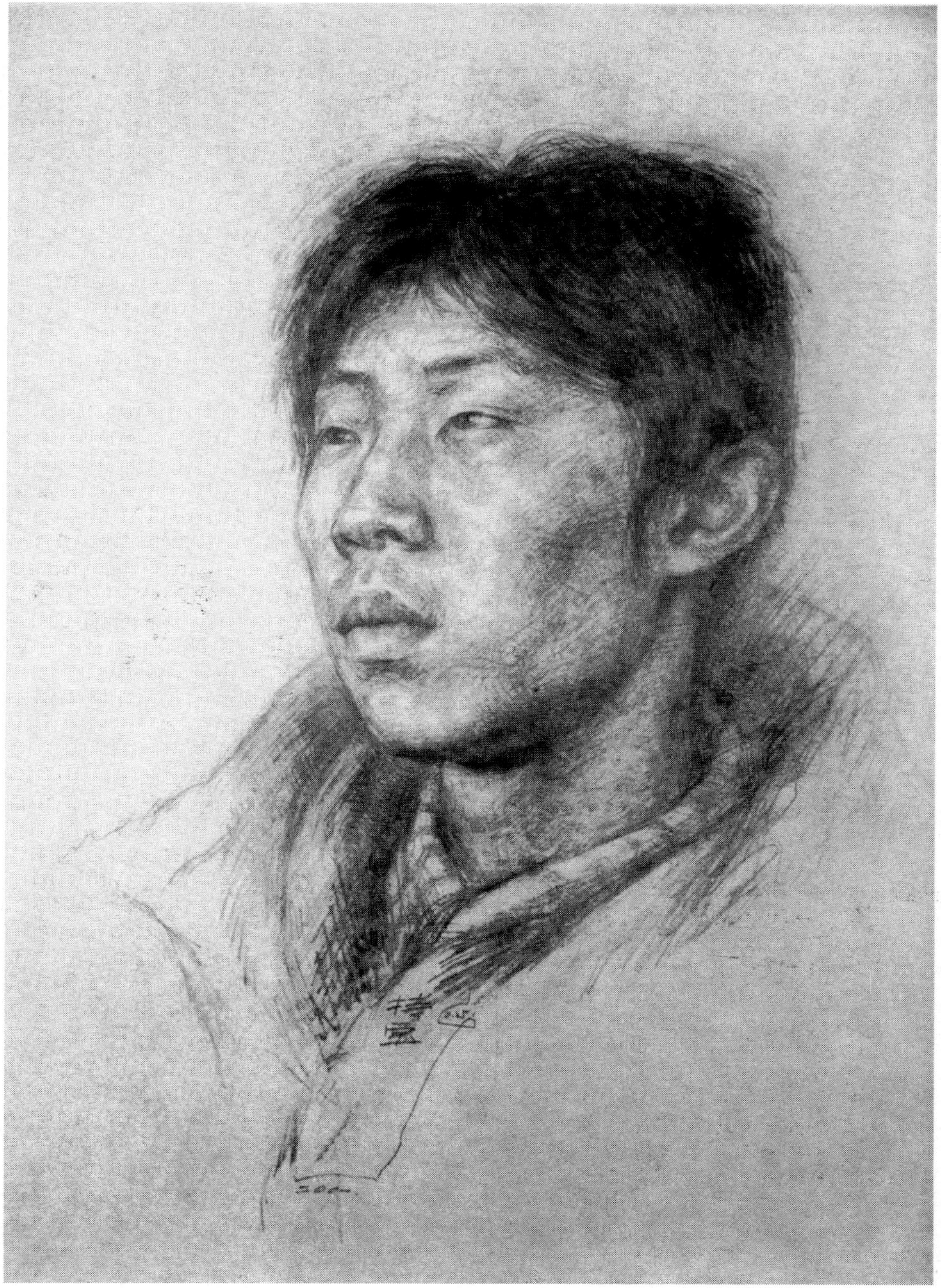

中国美术学院　郭持宝

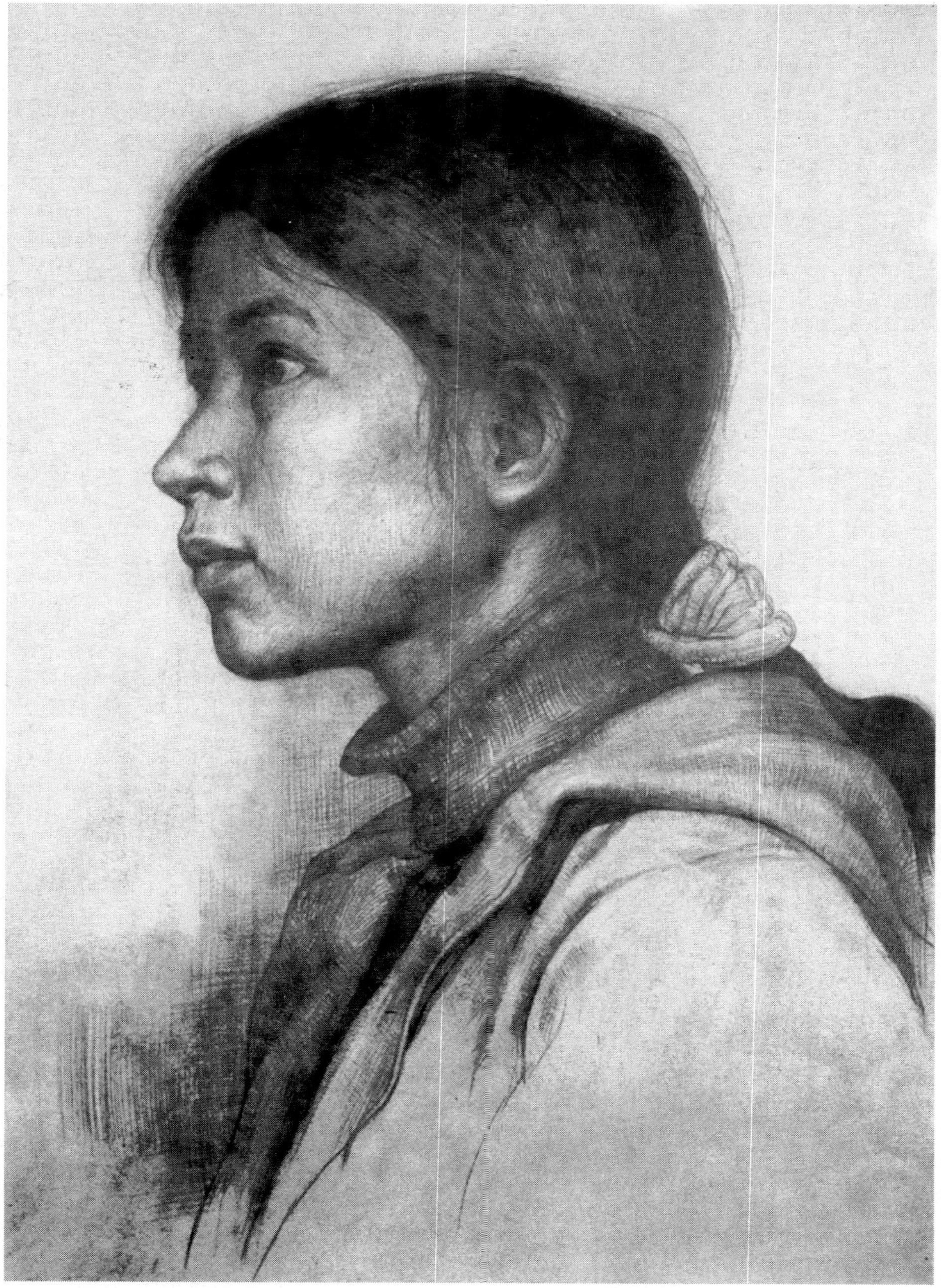

中国美术学院　朱铉安

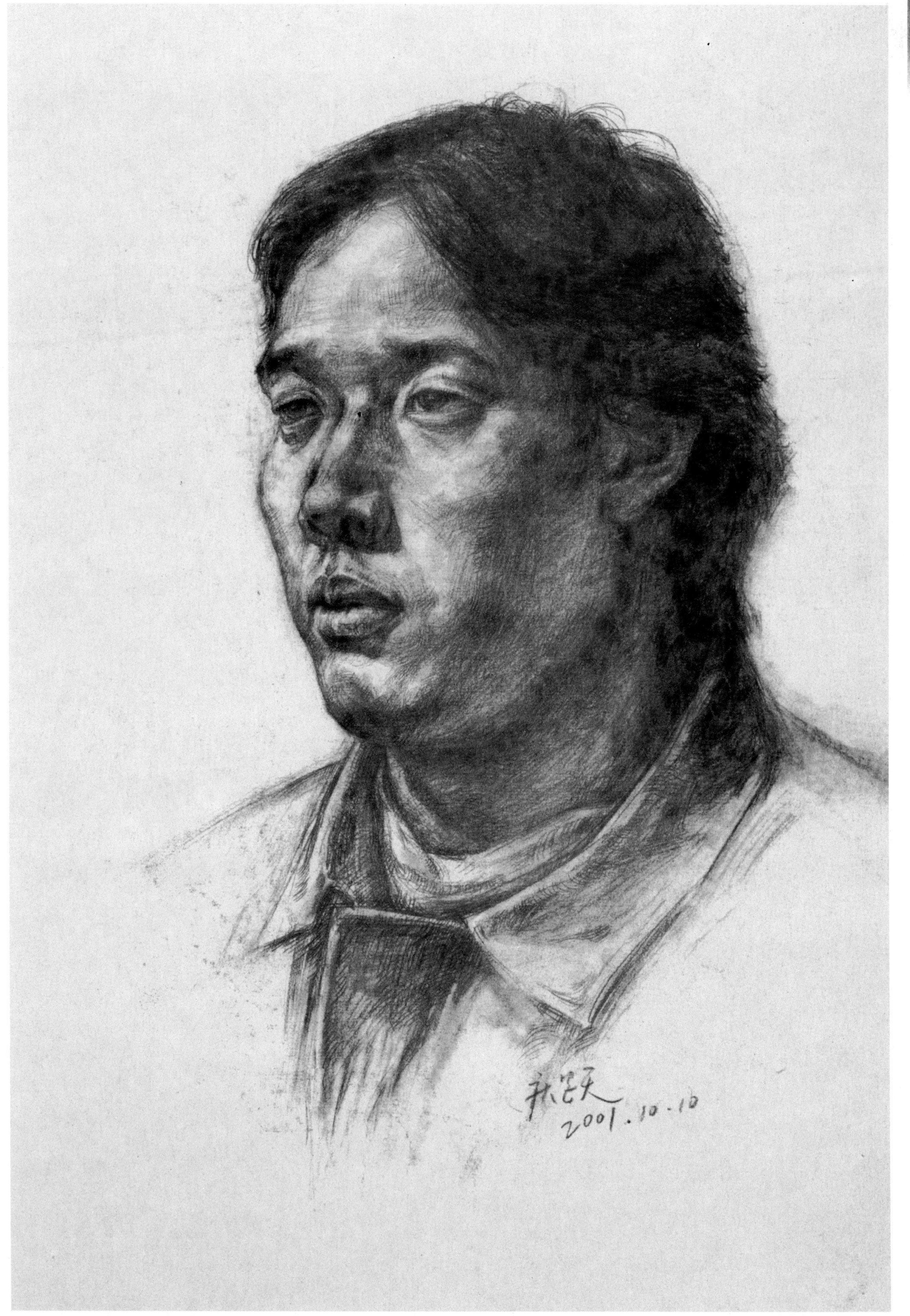

中国美术学院　张庆跃

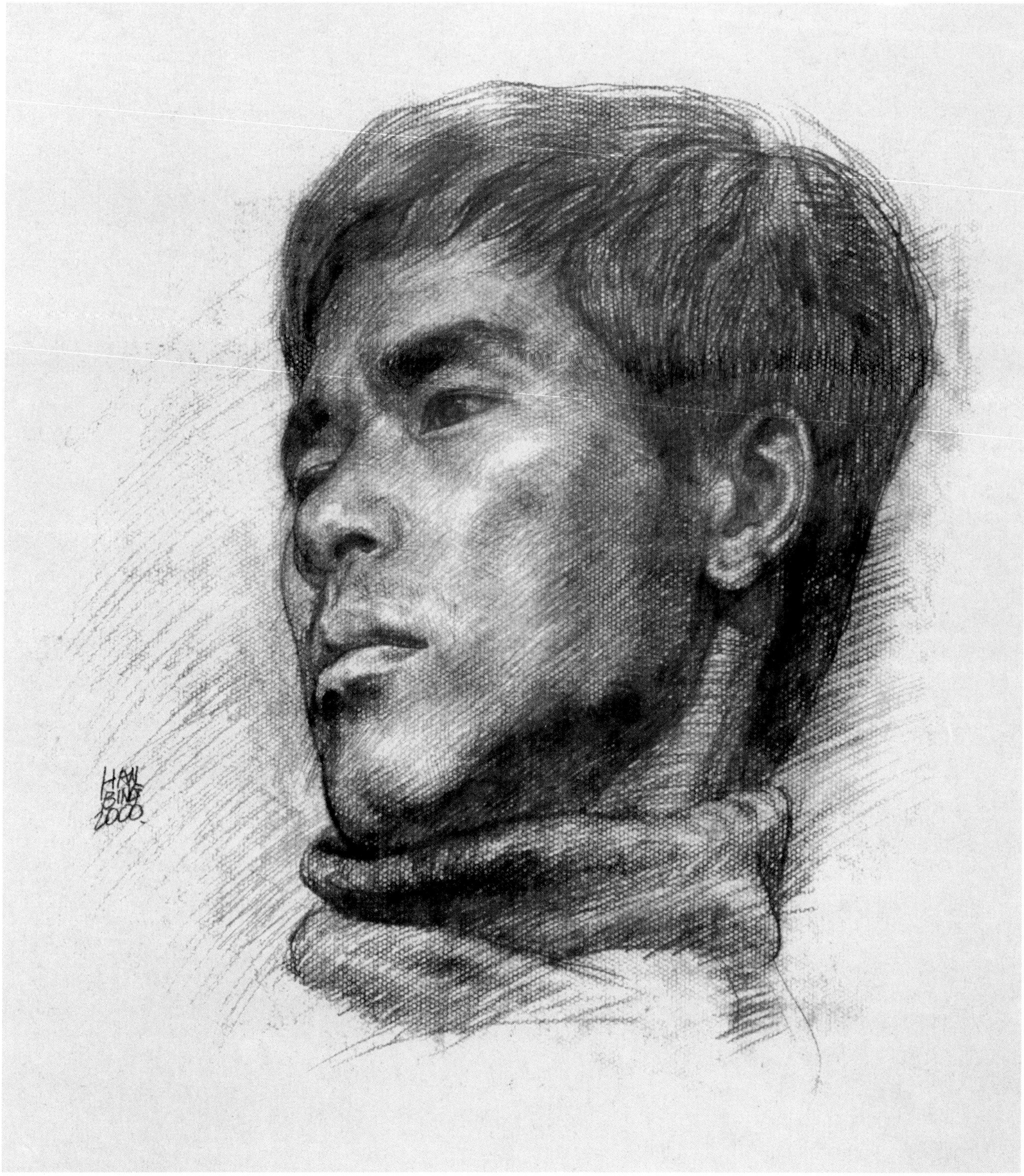

中国美术学院　韩　冰

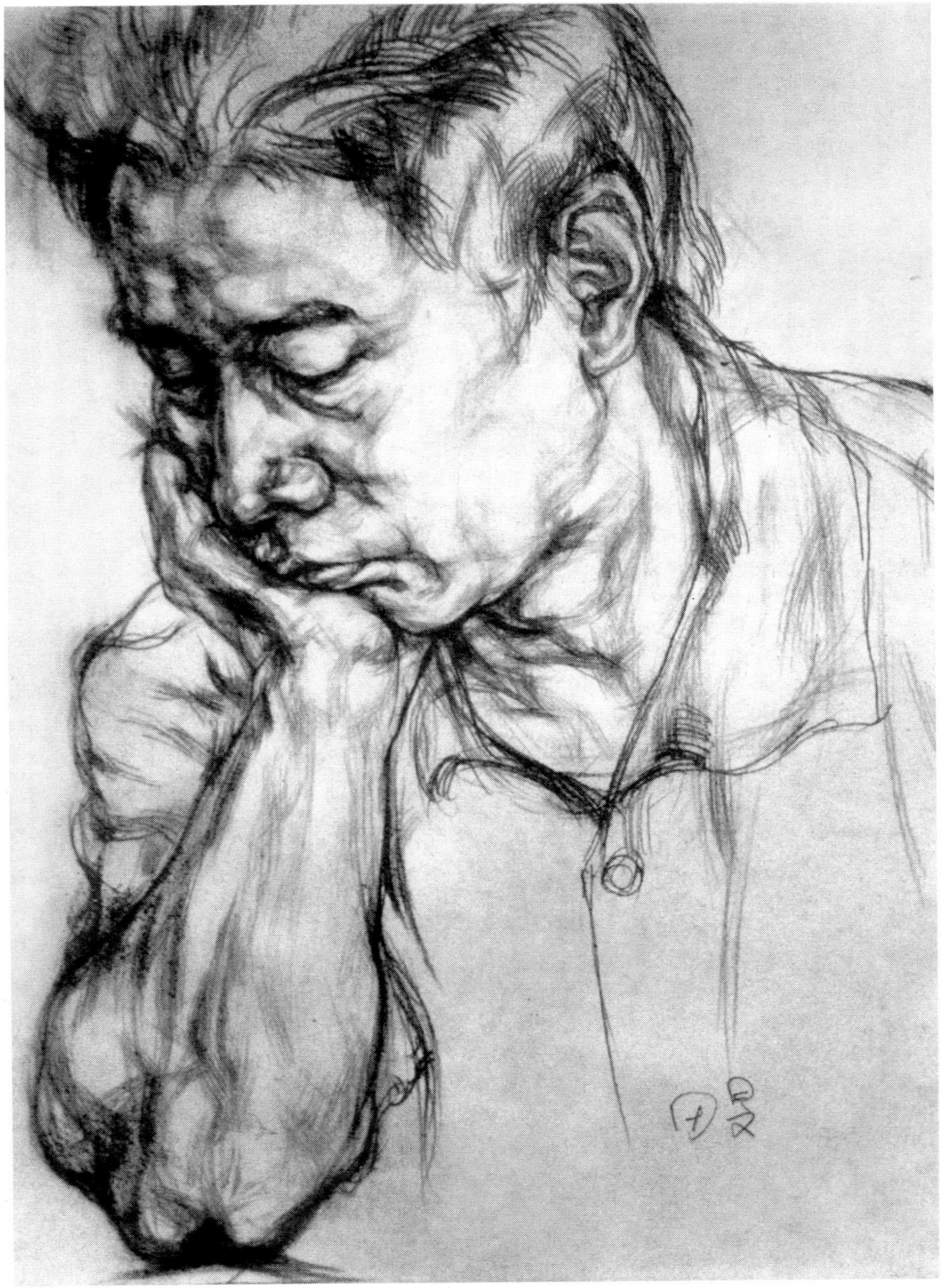

中国美术学院　田旻

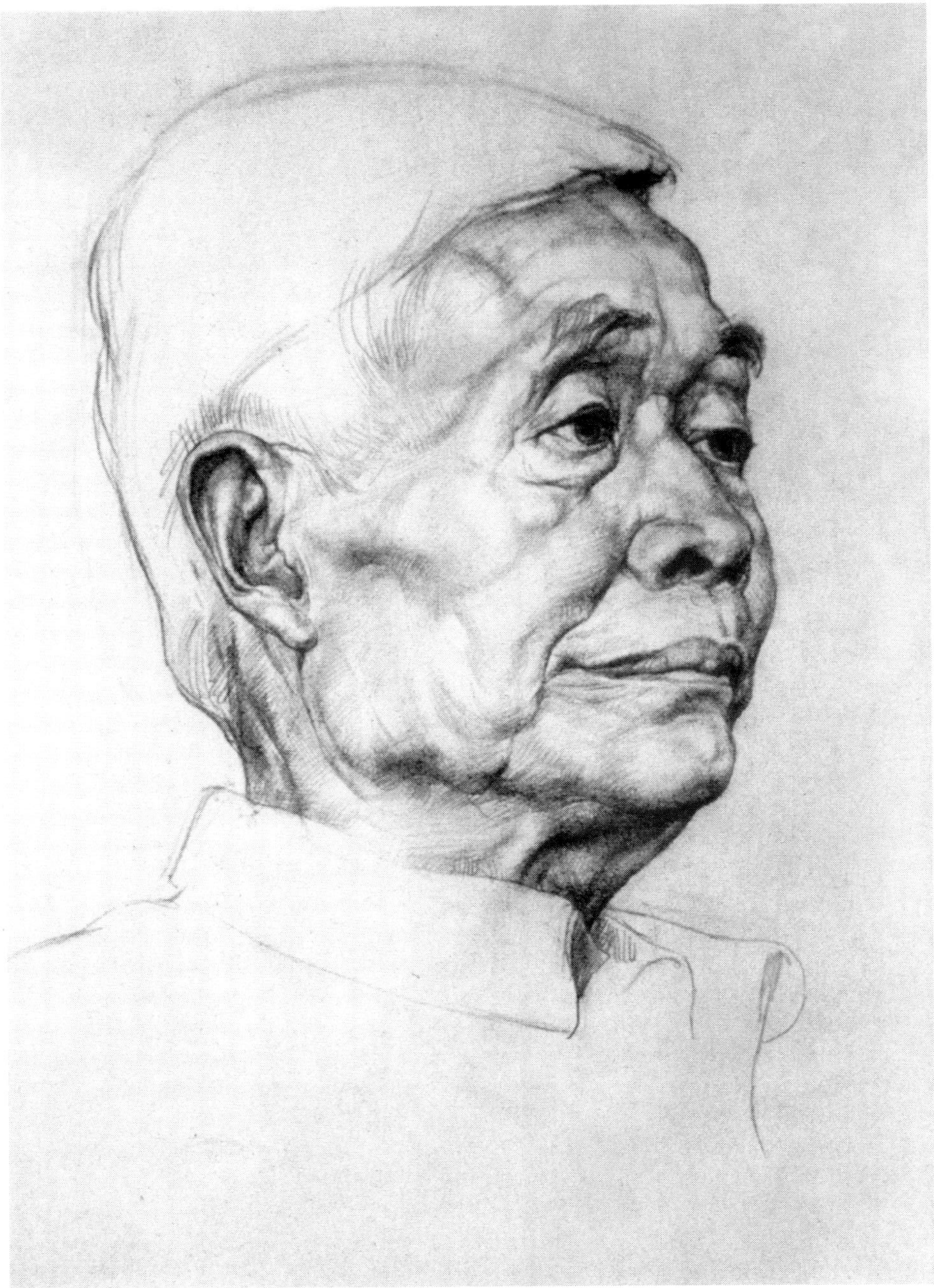

中国美术学院　佚　名

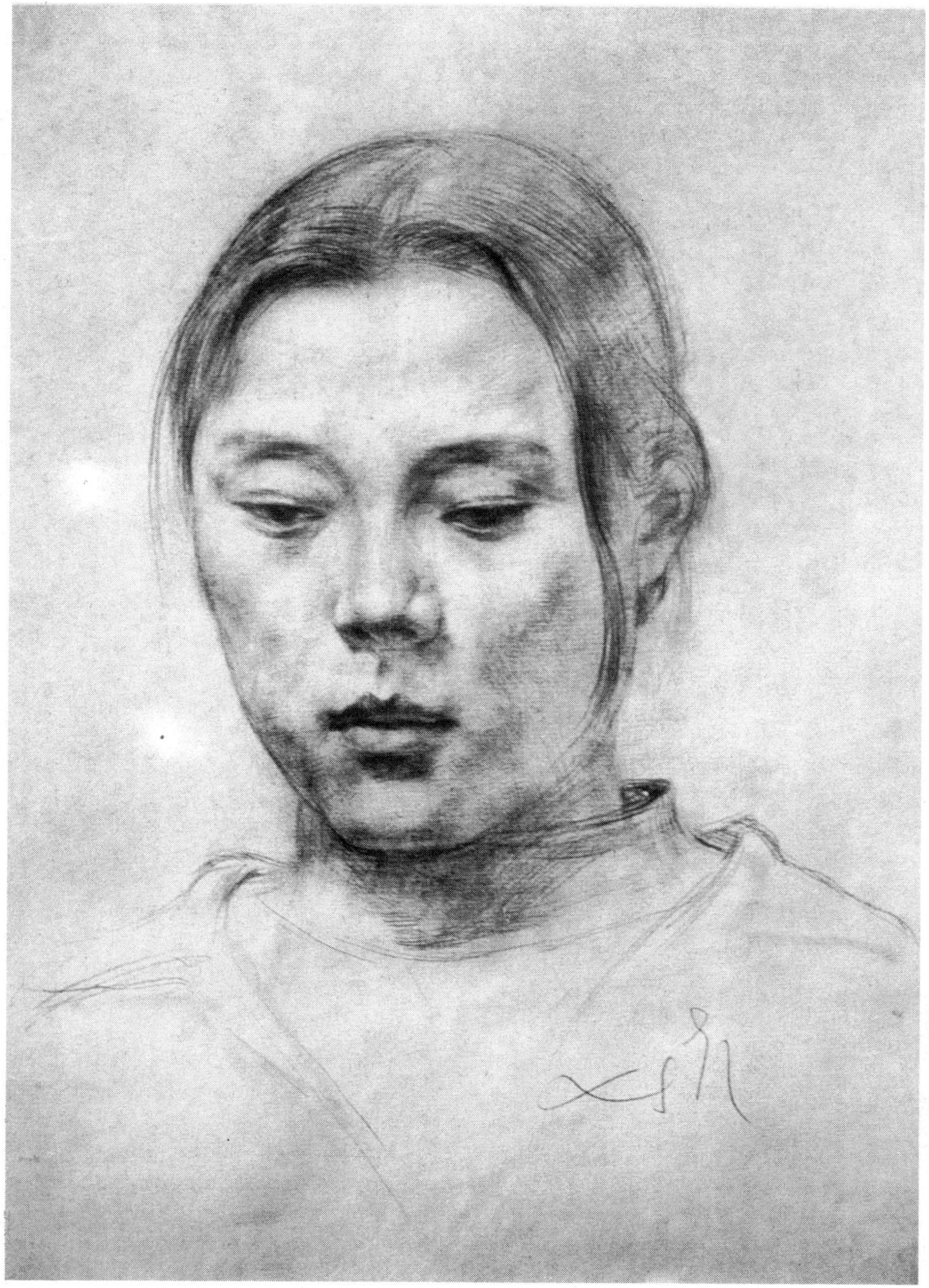

中国美术学院　楼笙华

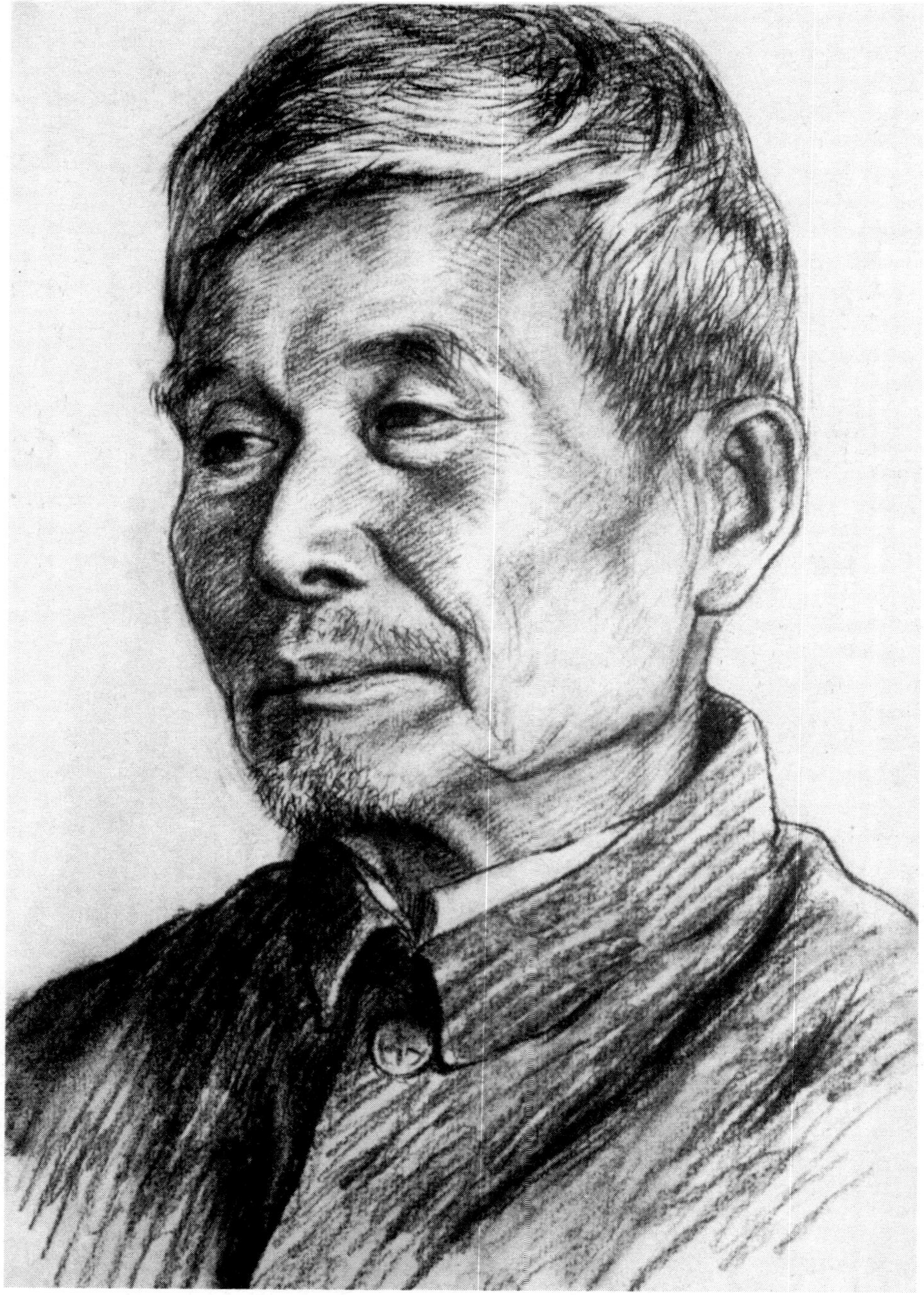

中国美术学院　高　诚

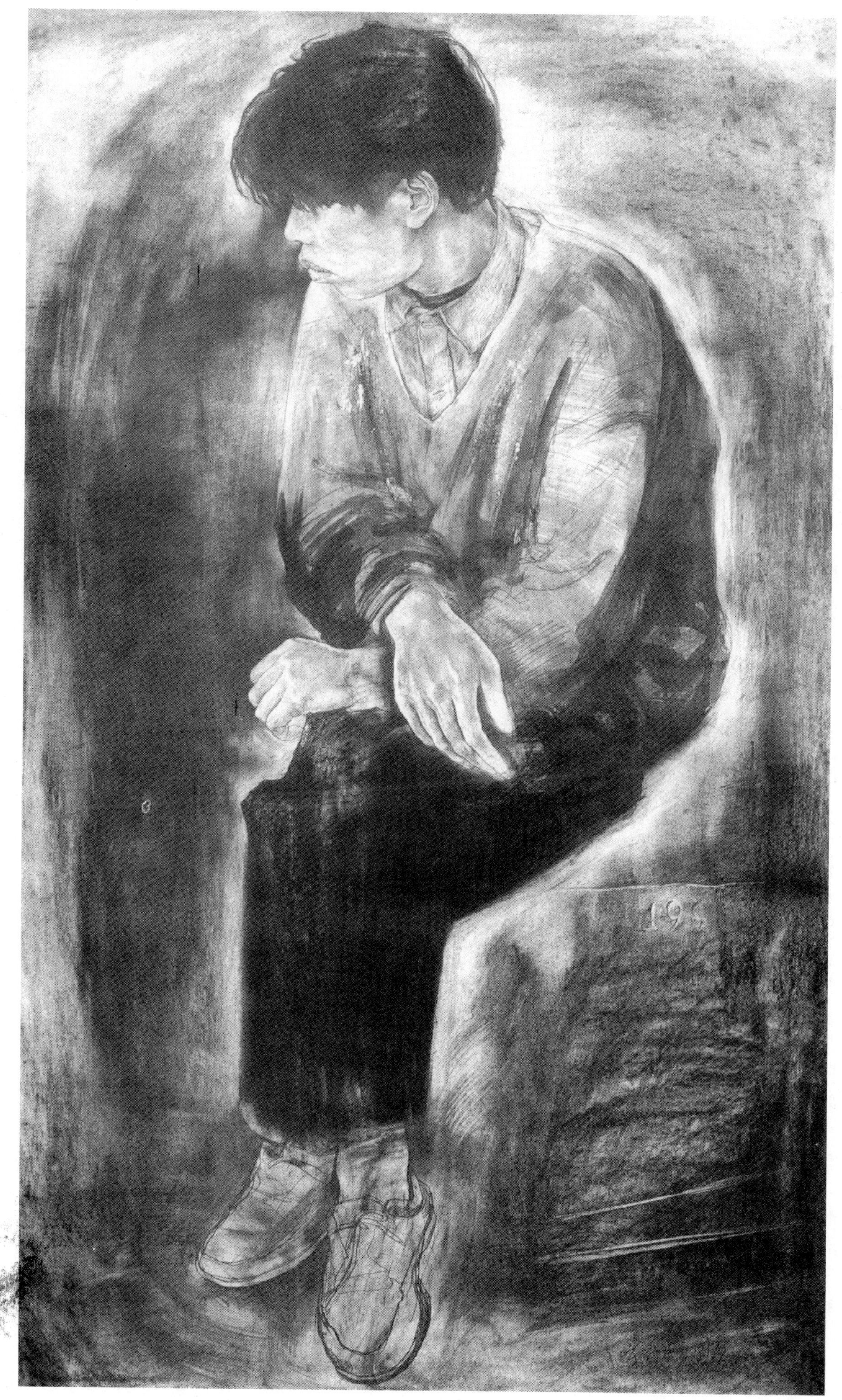

中国美术学院　宋剑飞

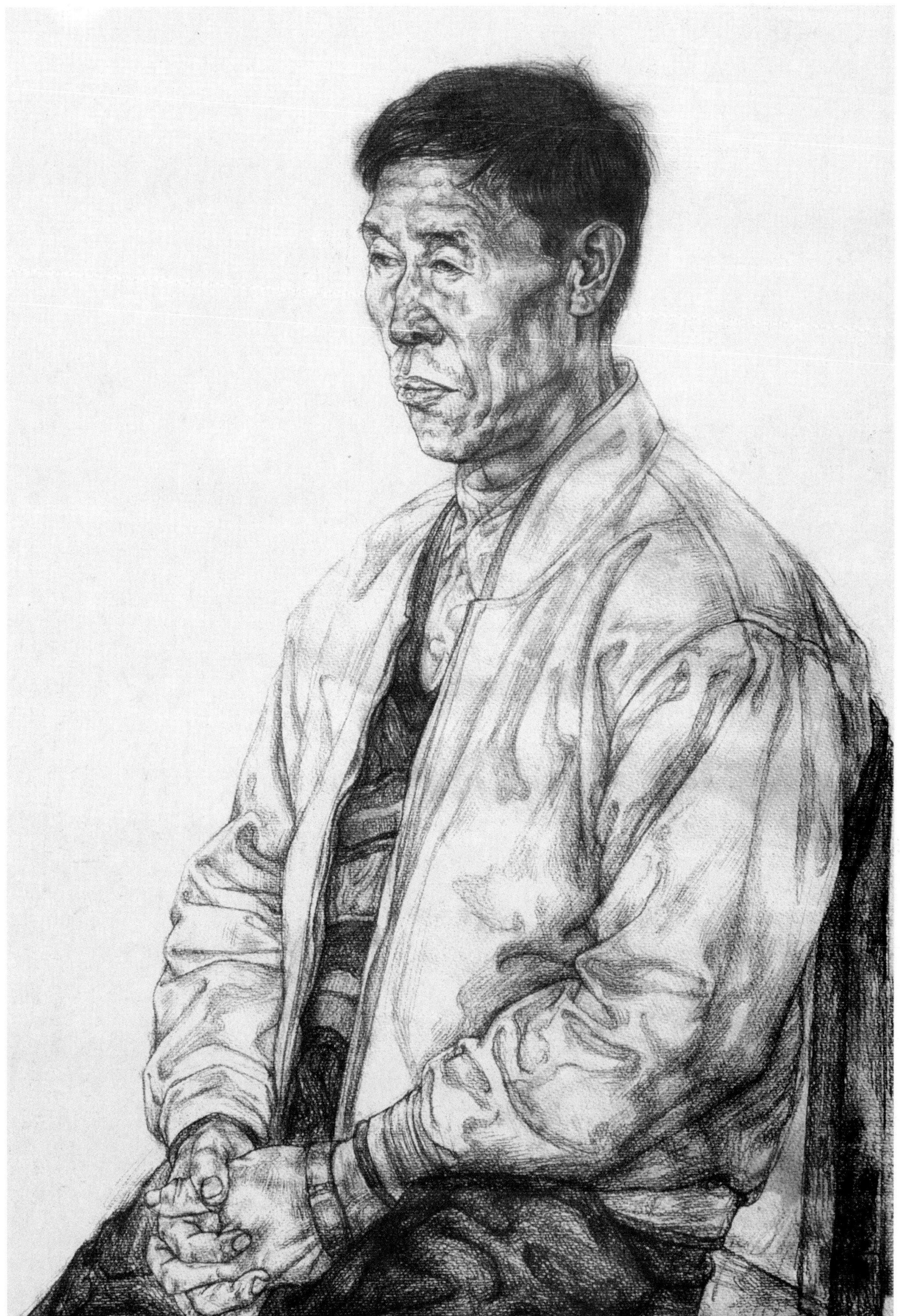

中国美术学院　王剑武

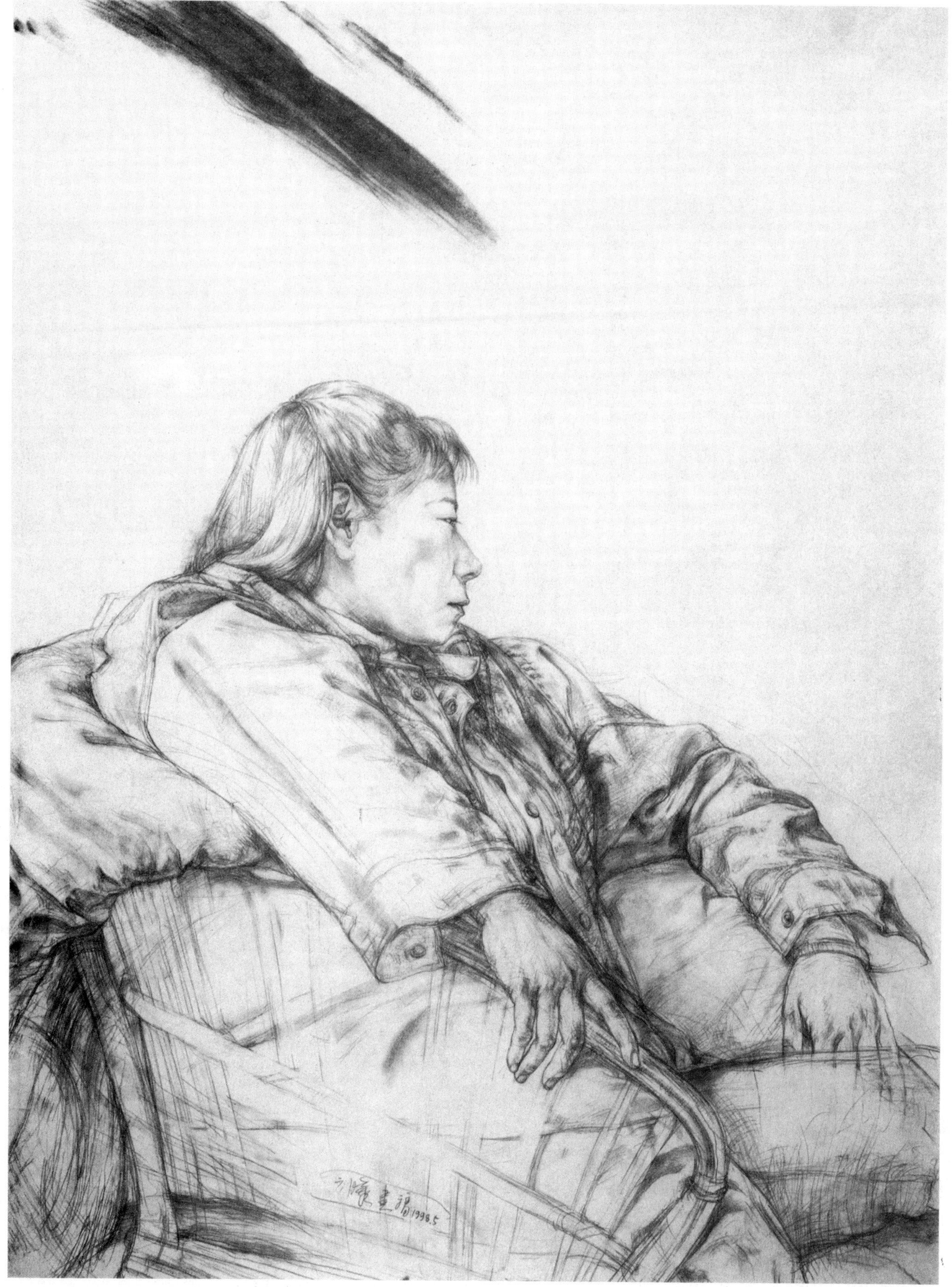

中国美术学院　盛天晔

图书在版编目(CIP)数据

中央美术学院　中国美术学院学生作品精选·素描/王华祥，徐　方编，-浙江：中国美术学院出版社，2005.10

ISBN　7-81083-019-2

Ⅰ.中…　Ⅱ.①王…　②徐…　Ⅲ.①艺术-作品综合集-中国-现代②素描-作品集-中国-现代　Ⅳ.J121

中国版本图书馆 CIP 数据核字(2005)第 098656 号

中央美术学院　中国美术学院学生作品精选·素描

编著　王华祥　徐　方

出版　中国美术学院出版社

社址　浙江杭州市南山路 218 号

(邮编 310002)

发行　新华书店

印刷　深圳利丰雅高印刷有限公司

开本　889×1194　1/16

印张　5

版次　2005 年 10 月第 1 版　2007 年 12 月第 4 次印刷

印数　18001-23000

ISBN　7-81083-019-2/J·834

定价　38.00 元